数字经济概论

◎李琳 著

湘潭大學出版社
XIANGTAN UNIVERSITY PRESS

图书在版编目（CIP）数据

数字经济概论 / 李琳著. -- 湘潭 : 湘潭大学出版社，2024. 5. -- ISBN 978-7-5687-1459-4
Ⅰ. F49
中国国家版本馆 CIP 数据核字第 2024SV7595 号

数字经济概论

SHUZI JINGJI GAILUN

李琳 著

责任编辑：罗 联
封面设计：张 波
出版发行：湘潭大学出版社
社　　址：湖南省湘潭大学工程训练大楼
电　　话：0731-58298960 0731-58298966（传真）
邮　　编：411105
网　　址：http://press.xtu.edu.cn/
印　　刷：长沙鸿和印务有限公司
经　　销：湖南省新华书店
开　　本：710 mm×1000 mm 1/16
印　　张：7.25
字　　数：152 千字
版　　次：2024 年 5 月第 1 版
印　　次：2024 年 5 月第 1 次印刷
书　　号：ISBN 978-7-5687-1459-4
定　　价：50.00 元

前　言

数字经济属于信息经济发展的高级阶段，是在信息与数字技术的发展过程中产生的一种新的经济形态。20世纪90年代，随着IT革命在欧美国家兴起并全面向各领域扩散、渗透，数字经济开始流行起来。近年来，数字经济增长非常迅速，特别是随着大数据、云计算、物联网、人工智能等数字技术的兴起，数字经济逐渐向传统领域渗透，已经超越单纯的信息通信技术等数字技术产业范畴，进一步升级到以数据为生产要素、以现代互联网与数字平台为重要载体，不断驱动传统产业数字化、平台化、普惠化发展的数字经济时代。在我国，更多采用信息化、两化融合与网络经济、信息经济等概念，随着近年的数字技术发展及其向传统各领域的融合、渗透及大规模扩散应用，我国的数字经济也由萌芽、快速发展走向成熟阶段。

目前，数字经济逐渐成为全球经济增长的重要动力与主要内容，未来以大数据、云计算、人工智能、物联网、区块链等为代表的新一代数字技术革命将席卷全球，并在经济社会各领域得到更加迅速、更加广泛的渗透应用，从而催生出以数字经济为代表的新一轮产业变革和创新，数字经济也终将成为全球经济发展的主线与新动能，全球将进入数字经济主导的新时代。

目　录

第一章　数字经济概述 ……………………………………………………001

第一节　数字经济的概念 ……………………………………………………001

第二节　数字经济的发展定律与特征 ………………………………………004

第三节　数字经济的协同联动机制 …………………………………………018

第四节　数字经济的发展概况 ………………………………………………020

第二章　数字经济的基础产业与基础技术 ………………………………042

第一节　数字经济的基础产业 ………………………………………………042

第二节　数字经济的基础技术 ………………………………………………051

第三章　数字经济发展路径 ………………………………………………072

第一节　数字经济基础建设 …………………………………………………072

第二节　数字经济融合发展 …………………………………………………075

第三节　数字经济共享参与 …………………………………………………079

第四章　典型产业的数字化转型 …………………………………………085

第一节　农业的数字化转型 …………………………………………………085

第二节　工业的数字化转型 …………………………………………………093

第三节　典型服务业的数字化转型 …………………………………………097

参考文献 ……………………………………………………………………110

第一章　数字经济概述

第一节　数字经济的概念

数字经济的蓬勃发展,给经济社会带来了颠覆性影响。数字经济是继农业经济、工业经济之后的一种新的经济社会发展形态。无论是从生产组织形式,还是从生产要素等方面来看,数字经济都是一种与农业经济、工业经济截然不同的经济形态。

数字经济的概念可以追溯到加拿大学者泰普斯科特1995年出版的《数据时代的经济学——对网络智能时代机遇和风险的再思考》和美国学者尼葛洛庞帝1996年出版的《数字化生存》。两位学者深入研究了互联网的出现对经济社会的冲击与影响。泰普斯科特首次提到数字经济时代,并前瞻性地提出了各行业企业数字化转型的路线图,包括数字化创意开发、数字化流程实施、数字化产品设计、数字化制造和营销、数字支持型产品销售等方法。尼葛洛庞帝提出"数字化生存是以信息技术为基础的新的生存方式",在数字化环境中,生产力要素的数字化渗透、生产关系的数字化重构、经济活动的全面数字化等,呈现出一种全新的社会生活方式。

随着智能手机和移动互联网的出现与快速渗透，数字经济发展真正进入黄金时代。伴随着移动接入端的快速膨胀，全球范围内的网络连接产生了巨大的数据量，催生了云计算、大数据等海量数据分析技术及处理平台。对经济社会发展中产生的海量数据进行分析和提炼，形成有价值的知识，再在经济社会发展中使用，产生了大量的新业态、新模式，可以统称为数字经济。

英国研究委员会认为，数字经济是通过人、过程和技术发生复杂关系而创造社会经济效益。在数字经济中，数字网络和通信基础设施提供一种全球化的平台，促进个人和组织的相互交往、通信、合作和信息分享。英国政府为了实现本国数字经济的健康发展，在2010年4月8日颁布并实施了《数字经济法(2010)》，将音乐、游戏、电视广播、移动通信、电子出版物等列入数字经济的范畴。

澳大利亚政府将数字经济视为促进生产、提高国际竞争地位、改善社会福利的必然选择。在《澳大利亚的数字经济：未来的方向》中提出，数字经济是通过互联网、移动电话和传感器网络等信息和通信技术实现经济和社会的全球性网络化。澳大利亚政府在《数字产业指南》中将内容制作、数字咨询或专业服务、数字/广告公司、多媒体、流媒体服务、搜索技术、社交媒体等24个产业部列入数字经济范畴。

2016年9月，二十国集团杭州峰会公布《二十国集团数字经济发展与合作倡议》，对数字经济的定义是：以使用数字化的知识和信息作为关键生产要素、以现代信息网络作为重要载体、以信息通信技术的有效使用作为效率提升和经济结构优化的重要推动力的一系列经济活动。

综合国际社会关于数字经济概念的研究成果以及信息通信技术融合创新发展的实践认为，数字经济是全社会信息活动的经济总和。理解数字经济有三个关键词：①信息是一切比特化的事物，是与物质、能量相并列的人类赖以利用的基本生产要素之一；②信息活动是为了服务于人类经济社会发展而进行的信息生成、采集、编码、存储、传输、搜索、处理、使用等一切行为以及支持这些行为的信息与通信技术制造、服务与集成;③信息活动具有社会属性、媒体属性和经济属性,数字经济关注的信息活动的经济属性是信息活动的经济总和。

2013年,澳大利亚政府提出,数字经济是通过互联网、移动电话等数字技术实现经济社会的全球网络化。2015年,欧洲议会将数字经济描述为通过无数个且不断增长的节点连接起来的多层级或层次的复杂结构。2018年3月,美国商务部经济分析局首次发布报告,对美国的数字经济进行了定义和测度,将数字经济定义为计算机网络存在和运行所需的数字使能基础设施、通过该系统产生的数字交易(电子商务)以及数字经济用户创造和访问的数字内容(数字媒体)。尽管美国商务部经济分析局对数字经济的定义包括所有的数字产品和服务,但并不包括那些只有部分数字内容的产品和服务。

数字经济是一种基于数字技术的经济。目前,较为权威的定义是2016年二十国集团峰会发布的《二十国集团数字经济发展与合作倡议》中提出的:数字经济是指以使用数字化的知识和信息作为关键生产要素,以现代信息网络作为重要载体,以信息通信技术的有效使用作为效率提升和经济结构优化的重要推动力的一系列经济活动。

一般认为,数字经济有狭义和广义之分。狭义的数字经济是指完全或者主要由基于数字产品或服务的商业模式所引起的那部分产出,即核心部门或者数字部门,包括软件制造、信息服务等行业;广义的数字经济是指数字化经济,包括一切基于数字技术的经济活动,即除了狭义的数字经济外,还包括工业4.0、精准农业、电子商务等。这种定义虽然模糊了界限,但足以将未来涌现的基于数字技术的新业态纳入进来。中国信息通信研究院将数字经济分为数字经济基础部分(包括电子信息制造业、信息通信业以及软件服务业等)和数字经济融合部分(将数字技术应用到制造业、服务业等传统行业)。这种分类方法得到许多学者和研究机构的认同。

第二节 数字经济的发展定律与特征

一、数字经济的发展定律

(一)梅特卡夫法则

梅特卡夫法则是指网络价值随着用户数量的平方数而增加,即网络的价值 $V=KN^2$(K 为价值系数,N 为用户数量)。在基础设施成本一定的情况下,使用的用户越多,则其带来的价值就越大。例如,网络信息门户网站的资源被固定在门户网站上,浏览网页的人员越多,网页的价值就越大,相应均分到的成本就越小,即数字经济的价值随着网络用户的增加而呈指数形式增长。

在数字经济中,数字产品可以很容易地进行复制和传播,这就导致更多的用户可以通过比较低廉的成本获取产品,有效地增加了产品的累积增值性。与此同时,利用大数据的整合功能可以把零散而无序的大量资料、数据、信息按照使用者的要求进行加工、处理、分析、综合,从而形成有序的、高质量的信息资源,为经济决策提供科学依据,并带来不断增长的报酬。

(二)摩尔定律

摩尔定律是指随着技术的进步,在相同面积的经营条件下生产同样规格的IC,每隔18个月,IC产出量就可增加一倍,换算为成本,即每隔18个月,成本可降低50%,平均每年成本可降低30%以上,使得IC产品能持续降低成本、提升性能、增加功能。这一定律揭示了成本降低的速度。后来衍生的新的摩尔定律则指互联网主机数和上网用户数的递增速度大约每半年就翻一番。针对一般商品而言,生产一单位商品的边际成本超过一定的限度后会有所上升,然而数字内容产品基于网络传播的特性打破了这一限制。

数字内容产品是指在数字经济的各种商业交易中，基于计算机数字编码的产品。它的成本主要由三部分构成：一是信息基础设施建设成本，二是信息传递成本，三是信息的收集、处理和制作成本。由于信息网络可以长期使用，并且其建设费用与信息传递成本及入网人数无关，所以前两部分的边际成本为零，平均成本都有明显递减的趋势；只有第三种成本与入网人数相关，即入网人数越多，所需收集、处理、制作的信息也就越多，这部分成本就会随之增大，但其平均成本和边际成本都呈下降趋势。因此，信息网络的平均成本随着入网人数的增加而明显递减，其边际成本则随之缓慢递减，网络的收益随入网人数的增加而同比例增加。

（三）达维多定律

达维多定律指出，数字经济更注重创新，创新是经济发展的不竭动力。世界经济论坛指出，数字经济是“第四次工业革命”框架中不可缺少的一部分。越来越多基于数字技术和新的商业模式下的创新可以减少投入，甚至是零投入，例如，现有产品和流程的数字化、分布式制造、依赖广告的免费业务，还有交通、银行、教育等各领域的类似于优步的行动等，因此，在数字经济下必须注重创新。大多数创新不是由工程师在实验室完成的，例如，早期用户之间的对话充满局限，为了寻求受欢迎的应用程序，一些业余人员有了一个好主意，开发了一个原型，然后获得了一些成功，之后，产品或技术的专业开发人员去研究它，这就是聊天软件的出现过程。电脑和互联网正逐渐改变我们的方方面面——我们的感觉、我们的记忆、我们的语言、我们的想象力、我们的创造力、我们的判断和我们的决策过程，我们需要不断创新。

二、数字经济的特点

数字经济作为一种有别于农业经济和工业经济的新型经济形态，呈现出一些独有特点，具体表现在以下几个方面：

(一)数字化

数字经济时代,一切信息均能够以数字化形式表达、传送和储存,数据成为驱动经济发展的关键生产要素。从生产要素来看,农业经济的核心要素是土地,工业经济的核心要素是资本、煤炭、石油,而数字经济的核心要素则是数据。数字经济领域时刻有海量数据产生,随着移动互联网和物联网的蓬勃发展,人与人、人与物、物与物的互联互通得以实现,数据资源、数据量呈几何级数爆发式增长。全球数据增速符合大数据摩尔定律,大约每两年翻一番。世界经济论坛提出:到2020年,全球的数据总量预计达到44泽字节(ZB),是可观测宇宙中星星数量的40倍;到2025年,全球每天预计会有463艾字节(EB)的数据产生。庞大的数据量及其处理和应用需求催生了大数据概念,数据日益成为重要的战略资产。数据资源将成为企业的核心资源,谁掌握了数据,谁就具备了优势。美国政府认为,大数据是"未来的新石油"、数字经济中的"货币"以及"陆权、海权、空权"之外的另一种国家核心资产。数据是驱动数字经济技术创新与模式创新的核心力量,对数据的分析、挖掘与利用,可以释放巨大价值,数据日益成为重要战略资源和新型生产要素。

(二)智能化

智能化是指事物在互联网、大数据、物联网、人工智能等技术支撑下能动地满足人类需求的属性。智能化的实现依赖于算法,算法是计算机程序运行的一系列规则,作为构建平台的底层技术要素,定价算法、推荐算法等被广泛运用于电子商务、新闻媒体、交通、医疗等各领域。

2015年以来,人工智能研究在多个领域实现突破,数字经济进入以智能化为核心的发展阶段。目前,其商业模式主要集中在单一的弱人工智能应用上,包括语音识别、自动驾驶、机器人写稿、图像识别、医疗辅助等诸多领域,具有代表性的公司有谷歌、百度、科大讯飞、阿里巴巴、苹果等。未来,智能化技术发展将对数字经济发展产生质变效应,推动人类生产生活方式的新变革。

利用共享时代的优势，加快传统企业的数字化转型，将是未来所有企业的核心战略。利用个人、企业、政府甚至社会的闲置资源，依靠互联网、大数据、云计算等数字技能，推动传统企业向数字化转型发展。依靠“互联网+企业”的模式，应用数据化思维，建立连接内外资源、协作共享的机制，通过建立数字化的协同平台以及资源、财务、法务共享平台，实现互联互通，做到精细化管理，最终实现传统企业的智能化发展。

（三）平台化

互联网平台模式是数字经济的重要组织形式。平台是一种居中撮合、连接两个或多个群体的市场组织，其主要功能是促进不同群体之间的交互与匹配。平台具有跨界网络效应，即一个平台产品或服务对用户的价值取决于平台另一边用户的规模。比如，网约车平台上司机越多，平台对乘客的价值就越大。在网络效应作用下，数字经济在许多细分领域容易形成“赢家通吃”“一家独大”的市场格局，数字平台的崛起成为全球数字经济发展的重要现象与必然规律。依托“云网端”新基础设施，互联网平台创造了全新的商业环境。信息流不再被工业经济供应链体系中的巨头所阻隔，供应商和消费者的距离大幅缩短，沟通成本大大降低，直接支撑了大规模协作的形成。以阿里巴巴为例，截至2019年6月30日，平台为买卖双方提供了基础、标准的服务，大量个性化的商业服务由生态系统内各种各样的服务商所提供，借助数字经济平台能够实现超大规模的协作。在淘宝零售平台上，“淘宝平台+7.55亿消费者+1000多万在线商家”共同构成了一个超大规模的分工与协作体系。

（四）共享化

首先，共享时代要求数字资源具有共享性。数字经济的发展方向应当是不断拓展数字信息资源，发展关于数字技术的集成、存储、分析以及交易业务，在共享时代下释放数字技术资源的新价值。其次，共享时代需要数字技术与产业融合发展，以便创造出更多的商业发展模式。数字技术与产业融合成为数字经济的重要发展方向，通过产业融合，实现产业数字化、智能化，产业的边界逐渐模糊，最终实现产业开放化发展以及产业间价值网络转型升级。最后，共享时代要求数字经济具有强大的服务功能，由此才能带动对共享商业模式的更多需求。融合服务业与数字技术的服务型数字产业是共享时代数字经济发展的重要方向，体现出数字经济在共享时代的应用性。以数字技术为基础的数字金融、智能支付、智慧物流、智慧健康、电子商务、数字信息服务等服务型数字产业将在共享时代迅猛发展。

（五）跨界融合

随着数字经济的发展，其跨界融合的特点日益突出。一是供给方和需求方的界限日益模糊，逐渐成为融合的“产销者”。在供给方面，企业可以通过大数据技术挖掘用户需求，分析用户的消费行为和习惯，有针对性地开发产品，如可以借助3D打印技术实现完全个性化的设计和生产。在需求方面，透明度增加、消费者参与以及消费新模式的出现，使企业不得不改变原来的设计、推广和交付方式。二是人类社会网络世界和物理世界日益融合。随着数字技术的发展，网络世界不再仅仅是物理世界的虚拟映像，而是真正进化为人类社会的新天地，成为人类新的生存空间。同时，数字技术与物理世界的融合，也使得现实物理世界的发展速度向网络世界靠近，人类社会的发展速度将呈指数级增长。网络世界和物理世界融合主要是靠信息物理系统实现的。该系统包含了无处不在的环境感知、嵌入式系统、网络通信和网络控制等系统工程，使我们身边的各种物体具有计算、通信、精确控制、远程协助和自组织功能。同时，随着人工智能、虚拟现实、增强现实等技术的发展，物理世界、网络世界和人类社会之间的界限逐渐消失，构成一个互联互通的新世界。

三、数字经济的供给侧和需求侧特征

数字技术经济范式使社会发生了本质的变化，对经济产生了重塑作用，带动人类社会从工业经济时代进入数字经济时代。第一，重塑生产方式。数据成为最重要的经济要素，数字信号较模拟信号更加清晰、逼真、成本低，为信息的创造、传输和使用创造了更加有利的时间和空间条件，实现人类社会从原子到比特的进阶。第二，重塑消费模式。数字技术的广泛应用改变着人们的社交方式、娱乐方式、通信方式和工作方式，数字技术的强大整合性，使得社会经济活动依赖数字技术完成。第三，重塑产业组织方式。一方面，数字技术经济范式催生了数字经济的基础产业，即实现了数字经济基础产业化；另一方面，数字技术经济范式改造了传统技术和产业，实现了产业数字化，带动并释放了传统产业的动能倍增效应。第四，重塑技术创新模式。数字技术成为经济的通用技术，具有强烈的渗透性和网络化特征，创新周期不断加快，创新形式不断丰富。

（一）数字经济的供给侧特征

1.数据成为关键生产要素

（1）数据要素的概念

首先要区分大数据与数据要素两个概念的差异。大数据具有4大特点：数据量大、种类繁多、时效高和价值低。这些特点决定了数字经济时代中的数据就像大海一样广阔无垠，且大多难以直接利用。因此，开启数字经济时代的关键点之一，就是寻找有价值的数据资源以及挖掘其潜在的商业价值。数字经济时代，大量的数据经过提取、加工、归纳、提炼之后形成具有某种应用价值，能够用于指导实践或商业化创新的信息或知识，称为数据要素。

人类社会进入信息化时代之后，先后经历了信息经济、网络经济和数字经济三个阶段。伴随着实践的进步，人们对于数据、信息和知识的认识也逐步深化。为了进一步理解数据要素的含义，沿用知识经济学中对上述三个概念的解释，并以此为基础引出数据要素的概念。

①数据、信息和知识

所谓数据，是指一系列非随机的符号组，代表了观察、测量或事实的记录,往往采取文本、声音或图像等形式。数据本身没有意义,但它是信息的原始资料,即数据可以通过有目的性的加工处理成信息。

所谓信息,是指已被处理成某种形式的数据,这种形式对接受者具有意义,并在当前或未来的行动或决策中,具有实际的、可觉察到的价值。

所谓知识,是指人类对物质世界以及精神世界探索结果的综合,是系统化、理论化、科学化和专门化的认知结论。经济合作与发展组织在1996年发表的《以信息为基础的经济》中提出"4W"知识分类体系:①知道是什么(know-what),指关于事实方面的知识;②知道为什么(know-why),指原理和规律方面的知识;③知道怎么做(know-how),指操作的能力,包括技术、技能、技巧和诀窍等;④知道是谁(know-who),包括特定关系的形成,以便接触有关专家,并有效地利用他们的知识,也就是关于管理的知识和能力。其中,后两种知识被称为"默会知识"或"隐性知识"。相比于前两种知识,它们更难进行编码和测度,默会知识一般通过技巧、诀窍、个人经验、技能等实践渠道获得。知识可以看作构成人类智慧的最根本的因素。

信息与知识在本质上是有区别的。信息能够很容易地被编码和传递,而知识往往比较模糊,难以编码。知识作为人的认知能力的基础,实质上贯穿于每一个过程,包括把数据序化、整合、加工成信息、选择吸收有用的信息,或者将信息翻译成有用的知识等,这些都是复杂的认知过程。只有当一个人知道如何使用信息,知道信息的含义、局限性和如何用它来创造价值的时候,才有所谓的新知识。知识与信息之间的关系是互动的,知识的产生依赖于信息,而相关信息的开发又需要知识的应用。应用信息的工具和方法也影响着知识的创造。相同的信息可以转化为不同种类的知识,这取决于分析的类型和目的。

以上基本转化过程可以视具体情况组合成简单或复杂的形式,用来详细描述知识(信息)的生产过程,即"数据—信息—知识—创新"过程。

②大数据与数据要素

我们正处于一个信息大爆炸时代，近几十年来，由互联网、物联网、移动终端所产生的海量数据已经超过了人类社会之前所产生的数据之和。根据国际数据公司提供的数据，2011 年全球数据总量为 1.8 ZB。2015 年为 8.61 ZB，是 2011 年的 4.78 倍。目前，全球数据每年以 40% 左右的速度增长。2020 年，全球大数据储量达到 44 ZB。这些具有碎片化和非结构特征的海量数据并不完全有利用价值，需要对其进行搜集、加工、整理、分析和挖掘。经过处理后的数据便成为数据要素，进而成为重要的资源或产品。

基于上述分析，从要素的价值属性上来看，将大数据本身作为一种新的生产要素是不合理的，应当将数据要素作为新的生产要素。二者的区别在于：①大数据是对社会生产、消费或生活的电子化原始记录，由移动互联网或物联网上的各个终端产生，总量增长迅速，数据种类繁多，时效性很高，大多不能直接利用，价值密度较低。②当使用一定数字技术在较短时间内对大量电子化数据进行搜集、加工、整理、归纳和提炼以后，形成格式规范相对统一、价值密度相对较高的信息或知识，称为数据要素。数据要素可以被用来指导某一领域的实践或者用于进行商业化创新。考虑到不论是信息还是知识，都具有一定的价值属性，在后文的分析中将其统称为数据要素。数据要素与数据、信息、知识、大数据的概念比较见表 1-1。

表 1-1 数据要素与数据、信息、知识、大数据的概念比较

数据的类型	数字经济时代之前				数字经济时代			
	名称	形态	价值	与创新的关系	名称	形态	价值	与创新的关系
原始的数据资料	数据	电子或纸质	价值含量低	一般不能直接刺激创新，但技术创新可以提高数据搜集效率	大数据	电子化	价值密度很低	一般不能直接用于指导创新，但技术创新可以提高数据搜集效率

续表

数据的类型	数字经济时代之前				数字经济时代			
	名称	形态	价值	与创新的关系	名称	形态	价值	与创新的关系
经过加工、处理之后的信息	信息	编码化	能够消除或缓解不确定性，有一定价值	技术创新可提高数据处理效率	数据要素（含信息和知识两类）	对大数据进行加工处理、归纳总结	价值含量较高	可用于指导实践或创新，同时技术创新可以提高大数据处理效率或带来新知识
经过归纳、总结的经验	知识	显性或隐性知识	可以刺激创新，有很高价值	二者互动性强，技术创新也可以带来新知识				

（2）数据要素的使用价值

数字经济通过以下四种路径对经济发展产生影响：第一，数据要素作为一种高级生产要素，具备生产性和稀缺性两个特征，当其进入生产函数之后，通过改变资本和劳动的投入结构实现成本节约，从而提升企业的产出效率。第二，信息不对称会对经济效率和竞争产生负面影响，数据要素通过降低搜寻成本，缓解不完全信息问题。第三，数字产品的成本结构决定了其具有显著的规模经济特征，随着数字企业从初创期进入扩张期，对规模经济的追求将重塑企业竞争格局和产业组织形态。第四，数字技术创新周期短，一方面通过技术创新提升了全要素生产率，另一方面通过刺激多样化和个性化的需求提升了消费水平。

受限于工业时代网络空间的发展程度，经济行为主体对经济系统内各类信息的搜集、整合、分类、加工和处理的能力相对有限。在数字经济时代，大数据、云计算和人工智能技术的发展大大拓展了经济行为主体获取信息的能力。一个基本的观点是：线上搜寻成本低于线下搜寻成本。这是因为线上更容易搜寻和比较潜在的交易信息。数字技术带来了搜寻成本的降低，对价格及价格离散度、产品种类、市场匹配、平台商业和组织结构产生影响。

数据的产生源自网络空间对物理和社会空间内各种关系的映射。在工业化时代，受信息技术水平的制约，网络空间和物理空间的映射关系相对松散。在数字经济条件下，通过机器学习和数据挖掘等手段，经济行为主体不仅能够获取正在发生事件的数据，在一定程度上还能对将要发生的事件进行预测。同时，经济行为主体可获得数据的维度也在不断丰富，不仅包含数字化数据，还包含大量非数字化数据（图片、图书、图纸、视频、声音、指纹、影像等）。总之，网络空间的发展和相应技术手段的进步在一定程度上消除了经济系统内信息的不完全性，使生产和服务的供求信息更加精确化，从而为网络化和生态化的创新组织方式变革奠定了基础。

2.数据要素的低复制成本决定了规模经济属性

由于数据要素是以比特形式存在，并在互联网终端设备上存储和传播，一件数字产品被生产出来后，便可以通过低成本或零成本复制而无限供给。这一特征决定了数字产品在消费中具有非竞争性，即不同的消费者可以同时使用该产品而相互不受影响。不同消费者可以突破时空的限制使用同一产品的前提是：该产品是在互联网上生产、消费的。例如，由腾讯开发运行的《王者荣耀》游戏，最高同时在线人数达数百万，这些玩家玩的是同一种数字产品，互不影响。

一般认为，数字产品边际成本为零，但边际成本为零的简易微观经济模型与边际成本为正的模型并无太大的不同。数字产品与非数字产品最关键的区别是非竞争性，这意味着个体消费数字产品并不会减少其他人消费该产品的数量或质量，因为信息的分享并不会减少或损害初始信息。特别是在没有法律或技术限制排他性的情况下，任何人都能以零成本复制任何信息。

数字产品的成本特征是研究与开发成本高、生产制造成本低，即高沉淀成本、低边际成本。数字产品多是知识、科技密集型产品，开发过程符合高科技产品的高投资、高风险的经济学原理。如耗资上亿美元的好莱坞巨片只需几分钟就可以拷贝到硬盘上，并且成本极低（几乎为零），这也说明数字产品的固定成本很高，但变动成本却很低。数字产品的固定成本大多属于沉没成本，若停止生产，前期投入的人力、物力、财力等固定成本将无法收回，不像传统产品那样，停止生产后可以通过折旧等方式挽回部分成本。比如：投资兴建一幢办公楼，若中途决定放弃的话，可将其转卖出去收回部分成本；但如果正在拍的一部电影突然停下来，可能根本卖不出去电影脚本，自然不可能收回本钱。数字产品的可变成本，也有不同于传统产品的独特性。例如，市场上对Intel的CPU需求增加，而且超出了Intel的生产能力，为了满足更大的需求和获取更多的利润，Intel就需要组织各种资源建立新的工厂，即当传统商品制造商达到其现有的生产能力时，生产的边际成本将增加。与此相反，数字产品的生产没有容量限制，即无论生产多少个副本，其成本都不会增加。以数字内容产业为例，中国的数字内容产业起步较晚，但经过几年的高速发展已经初具规模，初步形成了以移动内容服务为主，动漫、网络游戏、数字视听、在线学习和数字出版等快速发展的产业格局。目前，我国国民经济分类中还没有单独划分出数字内容产业，其相关内容分散在电信和其他信息传输服务业，新闻出版业，广播、电视、电影和音像业，文化艺术业等相关行业中。数字内容产品可以很容易地进行复制和传播，这就导致更多的用户可以通过比较低廉的成本获取产品，规模经济非常明显。

3.数据要素的知识密集型特征有利于刺激创新

数据要素可被看作一种知识密集型的产品，它可作为投入，以创新的形式增加产出。创新是新的活动，对信息的应用具有很强的不确定性。创新最初发生于个人的大脑之中，依赖的是对信息的综合和解释，使其符合现有的认知世界。所有解决问题的活动都是用认知模式来评估什么信息是有价值的，都以有用的方式来组织信息。理解和整理新信息的过程要求人们将新信息转化成与个人有关的东西。作为一个既是认知性也是社会性的过程，创新需要在知识、信息以及认知模式之间进行复杂的互动，在一个设想发展成为一种创新的过程中不断探讨、澄清和重新构思。

数据要素在产生的同时，一方面满足了消费者的消费需求，另一方面也催生了更多产品和服务的出现。位于生产端的数据从主要用于记录和查看，逐渐成为流程优化、工艺优化的重要依据，进而在产品设计、服务交付等各个方面发挥着愈发重要的作用。对智能产品和服务而言，从供应链到智能制造再到最终交付用户，所有环节都可以基于数据分析的结果实现价值链整合和系统优化。从企业的角度来看，以数据流引领技术流、物流、资金流和人才流，将深刻影响社会分工协作的组织模式，促进生产组织方式的集约和创新。大数据的发展推动了社会生产要素的网络化共享、集约化整合、协作化开发和高效化利用，改变了传统的生产方式和经济运行机制。大数据持续激发商业模式创新，不断催生新业态，已成为互联网等新兴领域促进业务创新增值、提升企业核心价值的重要驱动力。

（二）数字经济的需求侧特征

数字经济的一个重要特征就是网络化——经济以网络的形式组织起来。不管是有形的还是虚拟的网络，都具有一个基本的经济特征：连接到一个网络上的价值取决于已经连接到该网络的其他人的数量，即只要是网络，就要受到所谓“网络外部性”（也称为“网络效应”）现象的支配。值得注意的是，网络外部性并不是数字经济所独有的特征。有形的网络（如相互兼容的通信网络）或虚拟的网络（如一种产品的销售网络）都或多或少存在着网络外部性。对网络外部性的讨论早在20世纪70年代就已经开始了。在互联网广泛普及以后，尤其是5G时代来临之后，经济网络内的信息流动达到了前所未有的速度，生产、交换、分配和消费都与智能化的数字网络息息相关，这就使得网络外部性表现得愈发强烈。

1.经济学关于外部性的解释

经济学中，外部性通常指当生产或消费对其他人产生附带的成本或效益时，外部经济效应就发生了。也就是说，成本或效益被加于其他人身上，然而施加这种影响的人却没有为此付出代价。更确切地说，外部经济效果是一个理性人的行为对另一个人所产生的效果，而这种效果并没有从货币或市场交易中反映出来。从外部性的产生领域来看，外部性可以分为生产的外部性（由生产活动所导致的外部性）和消费的外部性（由消费行为所带来的外部性）。从外部性的效果来看，外部性包括负外部性和正外部性。

主流经济学认为，外部性是"市场失灵"的主要表现之一。一个有效的市场制度要发挥其经济效率，一切影响都必须通过市场价格的变动来传递。一些人的行为影响他人的福利，只要这种影响是通过价格传递的，即这种影响反映在市场价格里，就不会对经济效率产生不良的作用。然而，如果一个人的行为影响了他人的福利而相应的成本收益没有反映到市场价格中，就出现了外部性。外部性可以是正的，也可以是负的。例如：我的邻居盖了新房子，面对我家的一面墙如果粉刷得很漂亮，我也可以因此而赏心悦目，即我从邻居的房屋粉刷中得到了好处，却并不需要为此而付费，这就是正的外部性。如果邻居不能对我得到的这种好处收费，他就不会有动力把靠近我家的那面墙粉刷得漂亮，因为我可以"搭便车"，这里的"搭便车"问题和正外部性是同一硬币的两面。相反，如果一个人的行为伤害了另一个人，而他并不会因此而付出代价，就产生了负外部性。例如，甲经营的工厂向一条河流排放废物，而乙是以在这条河中捕鱼为生，甲的活动直接影响了乙的生计，但却并没有通过价格的变动得以反映，即甲的行为产生了负外部性。外部性最为经典的就是污染问题，即负外部性。

基于上面的分析，如果所有的行为都能反映在价格里，就意味着个人的成本收益与社会的成本收益是一致的，市场制度会自动地使资源配置达到帕累托最优。外部性的存在意味着生产者的边际成本并不反映增加生产的所有社会成本，或者个人的消费边际收益并不等于社会收益。如果获得的收益并不完全归于直接生产者，或者个人的生产成本没有反映总的社会成本，那么竞争性市场的选择可能不是社会的效率选择。虽然个人按照边际收益等于边际成本的原则来决策，但是外部性的存在使这种决策对整个社会经济效率不利。

2. 网络外部性

随着信息化时代的到来，数字产品所表现的网络外部性更多地表现为消费的正外部性。消费者在选择购买或消费某种数字产品时，不仅要考虑到该产品本身的效应（如功能强大、操作便捷、价格低廉等），更要考虑到未来可能实现共享信息的用户数量和适用范围。数字产品的这个特性集中表现为用户购买行为的"从众效应"或"追赶潮流"，消费者会倾向于购买那些已经被广泛采用的标准化或普及化的产品。例如，高德地图的使用者越多，每个使用者的轨迹和坐标被记录的数据也就越多，基于这些位置大数据所开发出来的数字产品的价值含量就越高，功能也就越强大，就会吸引更多的消费者来使用其数字产品。这就是所谓的网络外部性，是数字产品的重要微观经济特性之一。

网络外部性分为直接网络外部性和间接网络外部性。直接网络外部性是指由于消费相同产品的市场主体的数量增加后，通过正反馈效应放大了数字产品的使用价值，即由于消费者对数字产品的需求存在相互依赖的特征，消费者获得产品的效用随着购买相同产品的其他消费者数量的增加而增加。直接网络外部性的基础是梅特卡夫法则。而间接网络外部性则是指市场中介效应，即通过对互补产品种类、数量、价格的影响，而对原有产品用户产生的外部性，其本质是一种范围经济。间接网络互补性产生的主要原因是产品自身的互补性，基础产品的消费者越多，则对互补性的辅助产品需求越大。例如，微信的消费者之所以选择微信而不是其他的通信工具，除了微信本身的功能强大之外，一个主要的原因是自己的亲朋好友也都选择了微信作为通信工具，这样大家交流起来就很便利，这就是梅特卡夫法则所导致的直接网络外部性。微信的使用者中有相当的一部分人会使用微信支付、微信理财或微信借贷等其他辅助产品，微信的使用者越多，其辅助产品的使用者相对也会越多，这就是间接网络外部性。

第三节 数字经济的协同联动机制

一、基础层：数字产业化

在基础层，数据要素并不是以独立要素的形态存在，而是嵌入支撑实体经济运行的各种数字化基础设施之中，并通过数据中心、网络、终端等硬件基础平台，以及数据库、数据服务等软件基础平台，为人才、资本、创新等要素在实体经济中的融合提供基础环境，并且在一定程度上解决企业生产经营中的信息不充分或不对称问题，促进企业提升生产效率和经营效益，是信息产业的增加值。应当说，这是数据要素发挥要素联动作用的最低层级，其产业附加值和辐射带动效应也最小。在20世纪80年代信息化起步时期，数据虽然不是一种显性的生产要素，但其同样存在于信息服务、知识服务等服务业态之中，不过这一时期的信息化产业引导作用并不明显。甚至在20世纪80年代末，“信息技术的生产率悖论”被以史蒂芬·罗奇等为代表的一批经济学者普遍提及。他们认为，20世纪90年代之前信息及其相关产业对国民经济各行业绩效的改善作用没有达到预期目标。但这种质疑声并没有持续很久，到20世纪90年代中期已经基本销声匿迹了，其原因是伴随着信息技术和信息产业的发展成熟，由数字产业化发展带来的全要素数字化开始产生，两者间的关联模式逐步形成，并占据主导地位。

二、支撑层：产业数字化

在产业数字化阶段，数据开始作为一种独立的生产要素全面融入实体经济的运行之中，实体产业对数字技术的应用可带来原有产业的产出增加和效率提升。鲍恩和韦斯特等认为，当数据融入商业程序而成为基本的管理工具时，就能为企业提供优化的生产和管理流程，使管理知识得以分享，并将其在不同的时间和项目之间进行合理化转移，孕育协同增效和继续学习。作为产业数字化模式的最早倡导者，夏皮罗和哈尔早在20世纪末就前瞻性地分析和论述了数据对市场结构和产业组织的影响，并提出了差异化产品、互补品定价、搜寻成本和转换成本、标准竞争、路径依赖和锁定效应，以及规模经济、范围经济和网络效应、沉淀资本增长和边际资本投资缩减等一系列理论观点。在这一阶段，数据发挥着相比以前各个时期更加重要的作用，已经成为驱动产业转型升级和区域协调发展的战略资源，正取代劳动和资本成为主导生产的因子，被高效的生产和流通以及经济领域各方面的服务所依赖。在基础功能层，实体经济的竞争力主要来自大规模生产带来的成本降低和“补链成群”的产业配套规模效应，数据只是促进了成本的进一步降低和效率的进一步提高。在支撑功能层，随着产业数字化的不断推进，现代产业经济将越来越强调产业链的动态形成和动态组团效应。数据将成为联动不同组织、不同产业集群的核心要素，传统数据流、信息流依附于物资流的局面被颠覆，数据成为指挥实体经济运行的“大脑”和“中枢”，并充分发挥主导产业运行的决定性作用。数字化作为一种通用的技术，通过与国民经济各行各业广泛结合，使得各领域生产率不断提升，并且促使一、二、三产业之间的业态深度融合，深刻改变了传统产业的生产方式与组织形态，从而催生了新的经济动能，形成了新的产业模式与业态。

三、整合层：全要素数字化

在支撑层，数据的作用主要体现在对实体经济供给和需求两侧运行结构的数字化改造上，实现对传统意义的商品市场的转型升级。在整合层，数据的作用将进一步体现在对要素市场的转型升级上，实现对人才、技术、资本、管理等各方面生产要素流转的全面数字化、智能化改造，从而实现国民经济的全要素数字化转型。在这一过程中，数据化和智能化技术不仅是产业投资、人才培养、技术创新、管理变革的重要基础，而且还是加速不同要素在不同行业、不同地域快速实现成链、结盟、组团、入网、解构的重要基础，数据将成为庞大而精细的社会化生产系统顺利运行的黏合剂。可以说，全要素数字化的过程，是重构原有产业的资源配置状态，实现互联网、大数据、人工智能、区块链等新技术与实体经济、科技创新、现代金融、人力资源协同发展、充分融合，形成智能化的数字经济体系的过程。

综上所述，在数字产业化层面，数据要素对其他要素的作用主要内嵌于软硬件信息基础设施服务之中，其运行规律与信息化和信息产业的运行规律基本一致；在产业数字化层面，数据的作用主要体现在对实体经济的数字化改造上，从质量、效率等方面进行转型提升；在全要素数字化层面，数据的作用进一步体现在对人才、技术、资本等多方面要素市场流转的数字化、智能化改造上，促进全要素的数字化转型升级。

第四节　数字经济的发展概况

一、国际组织积极倡导发展数字经济

20世纪90年代，随着互联网的发展及其在经济生活中的广泛应用，数字经济逐渐在美国等西方发达国家兴起，成为推动经济增长的重要动力。世界银行、世界经济论坛、经济合作与发展组织等国际组织均通过各种举措大力推动数字经济发展。美国、欧盟、英国等国家和地区也在持续不断地发布数字经济相关战略，推动经济社会数字化转型。

世界银行一直将数字经济作为帮助发展中国家实现经济增长、减少贫困、增加就业的重要手段。2016年，世界银行把“数字红利”作为年

度报告《世界发展报告》的主题，主要介绍了技术的应用，特别是其在经济增长环境下带来的影响，以及技术对公平性的影响、对公共服务效率的影响。

为推动数字经济的健康发展，世界经济论坛联合国际贸易与可持续发展中心于2016年发起“E15项目”，提出将WTO规模扩大到数字经济的范围，开启数字贸易协定的谈判进程，扩大和深化数字贸易议题上的规则合作，政府、企业和非政府组织协同支持数字贸易等政策建议。随后，世界经济论坛发布《2016年全球信息技术报告：数字经济时代推进创新》，指出全球正进入第四次工业革命，数字技术是这场革命的中坚力量，将数字经济视为第四次工业革命中不可缺少的一部分。

经济合作与发展组织非常重视全球数字经济的发展，建议各国政府加快扶持互联网经济，维持互联网基础设施建设的高速发展，提高数字技术水平，缩小国家在数字经济方面的缺口。2015年，经济合作与发展组织在《数字经济概览：2015》中指出，数字经济的全部潜能尚未实现，鼓励成员国以战略方式发展数字经济。2016年，在经济合作与发展组织部长级会议上，“数字经济”成为各国部长和其他高层利益相关者探讨的重要议题。

亚太经合组织一直重视数字经济建设。2002年，在亚太经合组织第十次领导人非正式会议中，成员国通过了《关于执行APEC贸易和数字经济政策的声明》，首次为贸易与数字经济制定了政策框架。2010年，在日本横滨召开的亚太经合组织部长级会议重申了数字经济的重要性。

全球移动通信系统协会认识到，在全球及地区层面，数字和移动技术均已产生影响深远的社会和经济效益。随着数字和移动革命进一步加速，人工智能、机器人和物联网的新技术有望创造极大的利益，迎来众多领域的数字化颠覆。全球移动通信系统协会联合德勤会计师事务所发布《拥抱数字革命：制定相应政策，打造数字经济》的报告，鼓励政府制定刺激投资和推进数字经济发展的政策，激励国内数字经济发展，呼吁政策制定者为民众建设一个包容的数字化未来。

二十国集团作为一个国际经济合作组织，宗旨是推动发达国家和新兴国家之间开放及有建设性地讨论和研究实质性问题，以寻求合作并促进国际金融稳定和经济持续增长。在2015年二十国集团安塔利亚峰会上，二十国集团领导人认识到，互联网经济时代给全球经济增长带来的机遇与挑战并存。在2016年二十国集团杭州峰会上，二十国集团将“数字经济”列为新增长蓝图中的一项重要议题，探讨了共同利用数字机遇、应对挑战、推动经济实现包容性增长和发展的路径。

二、国外数字经济发展概况

（一）美国数字经济发展

1. 基础设施建设

美国政府自20世纪90年代开始关注数字经济，先后出台了多项政策与发展计划。这些政策大体分为三个方面：基础设施建设、数字发展战略以及数字政府。

1993年，美国政府提出“国家信息基础设施行动计划”，并于次年实施“全球信息基础设施行动计划”，两项计划的实施，不仅加大了对数字技术基础设施的投资，也加强了社区、农村和边远地区的网络建设，使低收入家庭有了使用因特网的机会。

2010年4月，美国联邦通信委员会宣布了《国家宽带计划落实纲要》，目标是在十年内连接1亿美国家庭，并且在移动创新领域处于全球领先地位，拥有世界上最快、最广泛的无线网络。2017年1月，美国国家电信与信息管理局与国家科学基金会联合发布《国家宽带研究议程》，重点关注四个方面的技术发展：新兴宽带基础设施与系统、宽带设施韧性与公共安全、下一代体系结构、安全与隐私。

2009年初，美国有线和无线宽带网络的投资已接近2500亿美元。美国无线网络的年投资额在接下来的四年间以40%的速度增长，到2012年时已超过300亿美元，超过当时主要的石油、天然气和汽车公司。美国也是第一个大规模部署4G网络的国家，2015年时，83%的美国人已经能够连接到至少25 Mb/s速度的网络。2019年，美国联邦通信委员会决定将2.5 GHz频段频谱重新定位，改变其目前的教育用途，为5G提供更多频谱。2019年12月2日，美国移动电信公司称，要在美国推出首个全国性5G（第五代移动通信技术）服务，覆盖美国约60%的人口。

2. 数字发展战略

除了信息基础设施，大数据的开发与应用也是美国政府关注的重点。2012年3月，美国政府推出了"大数据研究与开发计划"，该计划主要关注大数据研发的七个关键领域，并制定了七项战略方针，旨在促进人类对科学、医学和安全所有分支的认识，确保美国在研发领域继续发挥领导作用，通过研发来提高解决紧迫社会和环境问题的能力。

美国政府注重通过构建数据驱动战略体系来激发联邦机构和整个国家的新潜能、加速科学发现和创新进程，并为数字发展培养人才，以期在数字化时代具备领先全球的竞争力。2016年5月，美国政府发布了《联邦大数据研究与开发战略计划》，该计划制定了七项基本政策，分别对联邦政府各部门的大数据项目进行引导与拓展。这七项基本政策分别为：①利用新兴大数据基础、方法和技术来创造下一代数据能力；②探索并了解数据可信度和知识有效性，探索数据驱动的最佳决策，寻求突破性发现；③加强大数据创新的网络基础设施研究，为联邦政府各部门提供支持；④通过促进数据管理及分享的政策提升数据价值；⑤了解大数据采集、共享、应用方面的隐私、安全和道德问题；⑥改善全国大数据教育和培训的整体状况，从而满足对大数据人才日益增长的需求；⑦建立并增强国家大数据创新生态系统中各方的联系。

人工智能同样是美国政府关注的重点。2016年10月，美国白宫科技政策办公室下属国家科学技术委员会发布了《国家人工智能研究与发展战略计划》，探讨了人工智能的发展现状和应用领域，并提出了美国优先发展人工智能的七大战略方向及两个方面的建议，旨在推动人工智能发展，以促进经济发展、提升教育机会与生活质量、加强国土安全。这七项战略分别为：①对人工智能研究进行长期投资；②开发有效的人类与人工智能协作方法；③了解人工智能的伦理、法律和社会影响；④确保人工智能系统的安全可靠；⑤开发用于人工智能培训及测试的供给数据集合环境；⑥制定标准和基准以测量和评估人工智能技术；⑦更好地了解国家人工智能人力需求。报告的最后给出了两条发展建议：①开发一个人工智能研发实施框架；②研究创建并维护一个健全的人工智能研发队伍。该计划是全球首份国家层面的人工智能发展战略计划。

3. 数字政府

美国政府已将数字战略与技术发展及开放政府计划有机结合起来，以确保政府适应新数字世界，在数字经济的大趋势下保持国家竞争力、获得更多话语权。一直以来，美国政府将信息视为国家资产进行管理，尽可能向公众开放数据，从而提高政府工作效率，促进私营部门创新，鼓励科学研究，促进经济增长。

2009年1月，美国政府签署了《透明和开放政府备忘录》，呼吁建设一个更加透明、易于参与的协作型政府。同年5月，美国率先建立了政府数据开放网站，鼓励社会各界对海量数据进行创新应用。

为了提高联邦政府的运行效率以及更快速地响应公众需求的能力，美国联邦政府于2011年2月颁布了《联邦政府云战略》。2012年5月，美国政府发布了《数字政府战略》，旨在为美国民众提供更好的数字服务，使其能够随时随地通过任何设备获取高质量的数字政府信息和服务，确保美国政府适应数字时代，抓住机遇，以智慧、安全、实惠的方式使用数据资源，开放政府数据，鼓励创新，并进一步提升政府服务质量。

（二）英国数字经济发展

英国数字经济处于全球领先地位，并成为英国经济增长的主要驱动力。为缓解2008年国际金融危机影响下的经济重创，调整产业结构，实现产业振兴，2009年6月，英国政府推出了《数字英国计划》，旨在通过改善基础设施，推广全民数字应用，提供更好的数字保护，将英国打造成世界的“数字之都”。该计划在宽带部署、移动通信、广播升级以及互联网管制方面皆制定了相关具体措施，目的是实现数字网络现代化，打造良好的数字文化创意产业环境，鼓励英国民众提供数字内容，确保所有人公平接入，完善政府电子政务建设。这项战略也成为英国数字经济领域文化产业和分享经济发展的重要推动因素，是英国数字经济发展的起点。

2013年6月，为进一步促进数字经济发展，英国政府颁布了《数字英国战略2013》，确定了四个主要目标：①建立一个强大的创新型数字经济部门，向世界出口最先进的产品和技术；②促进英国企业，特别是中小型企业积极使用信息技术和数据资源；③确保公民在数字时代中受益；④加强技能人才和基础设施建设，以巩固英国信息产业发展。该战略从技术创新、集群发展、市场产业链、公众需求、人才教育以及其他专项建设等多个方面人手，制定了发展目标及行动纲要，明确了英国数字经济在短期内的发展方向。

2015年2月16日，英国技术战略委员会“创新英国”发布《英国2015—2018年数字经济战略》，倡导通过数字化创新来驱动经济社会发展，为把英国建设成为未来的数字强国作出战略部署。该战略主要关注数字化创新及其应用，聚焦用户需求，构建数字设施、平台以及生态环境，整合创新技术资源，营造良好的商业、法律和监管环境，确保数字化发展的可持续性。

2017年3月，英国发布《英国数字战略》，目标是在2025年将数字经济对英国经济的贡献值从2015年的1180亿英镑提升至2000亿英镑。

该战略从技术基础、人力资源、投资及政策方面制定了七大战略方向：①链接战略。致力于打造世界级的数字基础设施，使宽带接入成为公民基本权利，加速推进网络全覆盖建设。②数字技能与包容性战略。为每个公民提供提升其数字技能的培训机会，降低学习成本，为数字经济的发展培养适合的技术人才，并探索更好的人才培育模式。③数字经济战略。加大资金投入与政策支持，为科技创新和数字创业提供良好生长环境。④数字转型战略。帮助每一个英国企业实现数字化转型，缩小差距，提高生产效率。⑤网络安全战略。确保技术、数据以及网络的安全，保护企业、公民以及公共服务的利益；投资和鼓励网络安全行业发展以及人才的培养和输出，并重点关注儿童网络安全。⑥数字政府战略。打造全球领先的数字政府，为公民提供更好的在线服务。⑦数据经济战略。打造数据驱动型经济，采取多重举措释放数据在英国经济中的潜力，同时加强数据保护和数据开放共享。

（三）欧盟数字经济发展

欧盟的数字经济发展历程大体分为四个阶段：

第一阶段，以1993年《成长、竞争力与就业白皮书》的发表并提出欧洲信息社会具体意见为标志，重点在于加快信息社会的网络基础建设。

第二阶段，以2000年3月《里斯本战略》的颁布及实施为标志。该战略目标是在2010年前成为以知识为基础的、世界上最有活力和竞争力的经济体，并将四大应用方向——电子政务、电子医疗与卫生、电子教育与培训、电子商务，作为推动信息社会发展的主要支柱。

第三阶段，开始于2005年6月，以《i2010——建立充满经济增长和就业机会的欧洲信息社会》为标志。该战略鼓励开放、竞争的数字经济，强调信息与通信技术是提高包容度和生活品质的推动力。作为《里斯本战略》新的配套政策，为促进增长和扩大就业，将采取综合措施，制定欧盟信息社会和视听媒体发展政策。这项计划提出了三个优先政策:①为欧盟信息社会和媒体行业创建一个开放、有竞争力的单一市场;②促进一个有包容性的欧洲信息社会的形成;③将欧盟对ICT技术的研发投入提高80%。

第四阶段,以2010年的《欧洲数字议程》以及2015年的《单一市场战略》的发布为标志。2010年的《欧洲数字议程》是“2020欧盟战略”中提出的七大旗舰计划中的首个计划。欧委会针对当前影响欧盟信息技术发展的七大阻碍进行了分析,并提出了应对这些障碍的七项行动方案。

数字单一市场战略旨在打破欧盟境内的数字市场壁垒,建立统一的电信服务、版权、IT安全、数据保护等多个领域的法律法规。该战略确立了数字经济增长潜力最大化的三大支柱和十六项具体行动措施。

第一大支柱是为个人和企业提供更好的数字产品和服务。包括:出台措施促进跨境电子商务发展;保障消费者权益;提供速度更快、价格更实惠的包裹递送服务;打破地域界限,改变同种商品不同成员国不同价的现状;改革版权保护法;推动提供跨境电视服务。

第二大支柱是创造有利于数字网络和服务繁荣发展的环境。包括:全面改革欧盟的电信领域规章制度;重新审查视听媒体组织框架,以适应时代需求;全方位分析评估搜索引擎、社交媒体、应用商店等在线平台的作用;加强数字化服务领域的安全管理的安全管理。

第三大支柱是最大化实现数字经济的增长潜力。包括:提出《欧洲数据自由流动计划》,推动欧盟范围内的数据资源自由流动;在电子医疗、交通规划等对单 ·数字市场发展至关重要的领域,推动建立统一标准和互通功能;建成一个包容性的数字化社会,使民众能抓住互联网发展带来的机遇和就业机会。

总而言之,通过对世界各国历年来发布的数字经济相关政策进行统计发现,各国的数字经济战略均经历了从信息化基础设施建设,到利用数字化技术全面改善国民生活质量,再到推动数字产业与传统产业融合发展的过程。多数国家的数字经济战略包含以下四个方面:①提升互联网质量，加大网络覆盖率；②推动大数据及高科技产业的科研与发展；③发展数字政府；④根据国情特色大力推动数字产业融合发展。

（四）国外数字经济对产业转型的推动

数字化产业的蓬勃发展以及数字技术对传统产业生产力的巨大提升，是数字经济成为影响宏观经济重要元素的主要原因。世界各国均根据国情及国家支柱产业的发展状况制定了相关发展政策。例如，美国利用本国高科技人才丰富、核心技术资源丰富的特点，制定重振制造业策略，以发展智慧工业为动力，提升就业率，重振经济活力；加大人工智能等科学技术的研发投入，以核心技术为支撑，巩固其在数字时代的全球领先地位，争夺国际话语权。再如，日本依托本国信息技术强的长板，发布《创建最尖端IT国家宣言》，并发布《机器人新战略》，以期在数字时代用技术跑赢世界其他国家。德国根据本国工业制造业发达并具有世界影响力的特点，提出“工业4.0”的概念，旨在通过打造智能制造的新标准来巩固其全球制造业的龙头地位，以确保德国制造的未来。

1. 农业数字化转型

联合国预测，世界人口在2050年前将超过90亿，并在21世纪末突破100亿大关。为了确保向迅速增长的人口提供足够的粮食，全球农业需要在比现有耕地多5%的土地上增产70%。为了使土地生产力最大化，应用数字科技准确预测农作物生长状况，实现精准农业是不二选择。

美国农业部和国家电讯信息局于1993年开始联合实施“农村设施服务计划”，每年拨款15亿美元用于推动农村和边远地区的因特网发展。完善的信息和通信技术设施与互联网络帮助美国农业利用自动控制技术和网络技术实现了农业数据资源的社会化共享。1975年由内布拉斯加大学创建的世界上最大的农业计算机网络系统AGNET，覆盖全美46个州、加拿大的6个省，以及除美国、加拿大以外的7个国家，连通美国农业部、15个州的农业署、36所大学和大量的农业企业。用户通过家中的电话、电视或电脑，就能轻松查阅共享网络中的信息，农业生产者能及时、准确、完整地获得市场信息，有效地减少了农业经营的生产风险。此外，美国国家农业数据库、国家海洋与大气管理局数据库、地质调查局数据库等规模化、影响大的涉农信息数据中心（库）实行“完全与开放”的共享政策。已经形成的“计算机集成自适应生产”模式，能够将生产参数信息（气候、土壤、种子、能源等）、资金及劳动力信息进行整合与计算，帮助生产者选定最佳种植方案，并在农作物的生长过程中，根据局部气候变化，进行自适应喷水、施肥、施药等农业活动。

与此同时，精准农业利用3S技术——遥感技术（RS）、地理信息系统（GIS）和全球定位系统（GPS），准确观测田间因素的变化，精确调整各项管理措施，最大限度地开发土地与农作物的潜能，以达到产量最大化、经济效益最大化的目标。近年来，农用无人机应用的增加，提高了农场环境的管理效率，从而提高了产量、生产率和收益。无人机能够收集和分析特定土地植物种群的可视化和多频谱数据，将数据上传至云端，方便进行储存和远程操作。农田管理软件将采集的数据和图像信息进行处理与整合，进一步提升了精细化耕作水平。

随着经济的持续发展，农业从业者的比例也在逐年递减。GDP每增加1%，农业从业者将减少0.52%。因此，使用机器人或自动化机器代替人类进行信息处理以及农业劳动也是一大趋势。如今，各式各样的农用机器人已经在全球范围内被广泛使用，已经能够代替人工完成大部分传统农业活动，如耕地、播种、收割、挤牛奶等。

2.制造业数字化转型

（1）美国重振制造业

当前，美国政府着力构建数字化制造研究所，着力实现产学研联合。数字化制造实际上是通过应用数据与工具对相关信息进行加工，并以此做出更好决策。美国制造业已经从铸造工艺转型为先进数字化制造技术，在这一过程中，很多数字化制造工作的开展依赖的是美国国家增材制造创新研究所。美国芝加哥地区拥有自身的优势，利用伊利诺伊大学所具备的高性能计算能力，美国国家超级计算应用中心、阿贡国家实验室以及位于该地区的其他一些超级计算机，使其拥有强大的处理数据的能力。

芝加哥数字化制造和设计创新研究院在美国数字化制造的发展中起着十分重要的作用，而伊利诺伊大学是创建UI实验室的驱动因素之一。现在，UI实验室已发展成为一家独立的非营利性组织，着眼于利用美国研究型大学已经取得的成果，特别针对工业对下一代技术的诉求，尤其是制造业的需求，撮合大学人才与行业技术，为此类合作创造一个没有偏倚的平台。这实际上是一个组合型的项目，涉及各行各业，仍处在发展的早期阶段。尽管如此，高端制造业必将成为数字化制造最初阶段的工作重点。实际上，美国不仅拥有区域技术优势，还拥有国家性的技术优势，尤其在软件方面更是如此。如3D打印和数字化制造的相关技术，正不断降低成本，缩短从原型制作到新产品商业化的时间。一直以来，美国所拥有的软件开发优势，使得其在各方面的许多技术领域处于领先地位。时至今日，全球80%的软件依然在美国生产，其拥有半数以上世界最强性能的计算机系统。

美国建立了国家制造业创新网络，着力关注聚焦区域中心。主要原因是：对于一家中小型制造商而言，或许企业正为如何维持企业生存而担忧，其可能推出一些产品，但并不一定有时间投身于保持主动、理解业界的发展态势；而对于一家历史悠久的制造型企业而言，往往缺乏资金进行再投资。考虑到上述种种因素，协同整个制造行业构建一个协作的环境，帮助培养必要的劳动力队伍，为中小型企业提供一个安全的港湾，解决一些问题，构建制造业生态系统，就显得非常重要。

美国国家制造业创新网络是由政府播撒的种子。它还是一种助推器，可以带来完整的供应链，利用集体力量达成以其他方式无法实现的目标。未来将会有更多拓宽覆盖面的方式，鼓励那些尚未参与其中的其他人积极参与。需要指出的是，美国国家制造业创新网络完全由政府当局提供种子资金，但这并非原始设计方案。

（2）德国工业4.0

为了应对美国等发达国家的“再工业化”以及以中国为首的新兴国家制造业崛起带来的冲击，德国于2011年推出《未来图景“工业4.0”》，正式提出工业4.0的概念，在机械化、自动化和信息化的基础上，建立智能化的新型生产模式与生产结构。德国工业4.0的具体内容可概括为“一个网络、两大主题、三项集成、八项举措”。

“一个网络”是指信息物理系统网络，即将信息物理系统接入互联网，使物理设备具有计算、通信、精确控制、远程协调和自治五大主要功能。

“两大主题”是指智能工厂和智能生产。智能工厂重点研究智能化生产系统和过程以及网络化分布生产设施的实现，是数字世界和现实世界的融合。智能生产的重点在于将人机互动、智能物流管理、3D打印等先进技术应用于工业生产的全过程，从而形成高度灵活、个性化、网络化的产业链，实现广泛的自动化控制。

“三项集成”是指横向、纵向以及端对端集成。横向集成是企业间通过价值链和信息网络进行资源整合与无缝合作。纵向集成是指个性化需求定制生产代替传统固定式生产流程。端对端集成是指贯穿整个价值链的工程化数字集成。这些集成的实现需要通过虚拟实体系统，使无处不在的传感器、嵌入式终端系统、智能控制系统以及通信设施形成一个智能网络。

“八项举措”是指德国工业4.0的实现需要在八个关键领域采取行动，分别是：标准化和参考架构、管理复杂系统、为工业建立全面宽频的基础设施、安全和保障、工作的组织和设计、培训和持续的职业发展、规章制度、资源利用效率。德国工业4.0战略的核心就是通过虚拟实体系统网络实现人、设备以及产品的实时连通、相互识别和有效交流，进而构建一个高度灵活的个性化、数字化的智能制造模式。以奥迪公司为例，2030年的奥迪智能工厂将不再使用传统的生产流水线，客户通过三维扫描获得身体尺寸，进行个性化定制，由3D打印机打印车身零部件，通过无人机在车间内传递，工人与机器人协同工作，成品汽车以自动驾驶的方式驶离装配线。目前，奥迪已经实现了智能制造，其增强现实系统“世界之窗”能够将虚拟3D零部件投影到汽车上，进而实现数字世界和物理世界的精准对接。

3. 公共服务业数字化转型

服务业在全球数字化的影响下，通过数字化融合发展，经历了巨大的转变，典型行业包括数字教育、数字媒体、数字医疗、数字交通等。

数字教育具有普遍应用性，可以解决教育资源不足、分配不均等问题，提升教育的转化效率。因此，数字教育得到了全球各国政府的大力支持。美国是最早开始发展数字教育的国家之一。“学校及图书馆项目”计划每年投入39亿美元，用于给学校及图书馆提供稳定的高速宽带。2012年3月，美国教育部和全美联邦通信委员会宣布实行美国数字化教育的第一个五年计划，目标是在2017年前后在全美K-12公立学校普及数字化课本。2014年秋，美国政府继续推出了“未来准备承诺”项目，旨在帮助学校充分利用信息技术，使学习活动更加个性化，并提供高质量的数字教学内容，以培养学生的探究力和创造力。

云图书馆以及大型开放式网络课程（MOOC）也是数字教育的体现。美国的云图书馆计划是由OCLC研究中心、HathiTrust数字图书馆、纽约大学Elmer Holmes Bobst图书馆、研究型馆藏获取和保存联盟四方为适应云发展联合策划和实施的项目，旨在将庞大的印本图书转化为便于储存、管理、检索、分享的数字图书馆，并为图书类文本分析提供资源和渠道。与此同时，各高校及网络平台大力推广在线网络课程，不仅扩大了知识的传播范围，便于用户进行再培训，提高民众数字素养，还开辟了翻转课堂等新的学习方式，提高学习者的学习效率，强化学习效果。

随着科技的发展,VR/AR技术加入数字教育,带来更加无缝融合的数字环境,建立平衡而有深度的学习框架。VR/AR技术带来的沉浸式学习体验能够为师生提供更丰富生动的教育场景以及“实操”机会,影响学习者的学习习惯和思维方式。

除了线下媒体转线上媒体外,计算机算法及人工智能的发展都将为传统的媒体方式带来新变化。媒体可以根据大数据对用户的分析,更有针对性地点对点投放定制信息,提高转化率,同时改善旧的信息接收模式。人工智能方面,自动写作软件的适用范围越来越广,AI在内容产品领域的参与度也在逐步加深。

数字医疗是提高医疗质量的重要发展方向,是解决看病难、看病贵的关键措施。谷歌DeepMind团队开发的Streams产品能在短短几秒钟内查看并判断存在急性肾脏损伤风险的患者的验血结果,并给出优化治疗方案;IBM的Watson可以快速检索60万份医疗报告以及150万份癌症病例,并给出智能排序后的治疗方案清单,帮助医生制定个性化治疗方案。

数字交通是“智慧城市”的一部分,物联网的发展和智能设备的普及,使得获取交通数据更加便捷和多维。手机通信数据、停车数据、ETC收费数据、气象数据等多元大数据,可帮助实现城市范围内交通数据的充分融合和精确感知,从而实现城市交通的智能化控制。快速发展的自动驾驶技术将改变未来交通模式。根据相关研究预测,2035年前,全球具备无人驾驶功能的车辆将达到1800万辆,其中1200万辆具备完全无人驾驶功能。目前,各国已开展自动驾驶立法研究。美国国家公路交通安全管理局在2013年就已发布《自动驾驶汽车的基本政策》,用于规范自动驾驶汽车的测试监管。联合国通过《维也纳道路交通公约》关于自动驾驶技术的修正案,规定在全面符合联合国车辆管理条例或者驾驶员可以选择关闭该技术的情况下,将驾驶车辆的职责交给自动驾驶技术可以被允许应用到交通运输当中。

三、我国数字经济发展概况

（一）我国发展数字经济的必要性

当前，数字经济正成为我国经济发展的重要驱动力量。统计数据显示，我国数字经济发展已步入黄金期，2018年我国数字经济的产业规模达到了31.3万亿元，GDP占比达到34.8%。发展数字经济对适应和引领经济发展新常态、转型发展、贯彻落实新的发展理念、培育新的经济增长点具有重要的促进作用，同时也是落实网络强国战略的重要内容。

1. 发展数字经济是贯彻新发展理念的集中体现

数字经济本身是新技术革命的产物，是新的经济形态、新的资源配置方式和新的发展理念，集中体现了创新的内在要求。数字经济减少了信息流动障碍，加速了要素流动，提高了供需匹配效率，有助于实现经济与社会、区域之间的协调发展。数字经济能够极大地提升资源的利用率，是绿色发展的最佳体现。数字经济最大的特点就是基于互联网，而互联网的特性是开放共享。数字经济是推动高质量发展的重要支撑。数字经济的发展以数据作为关键生产要素，将有效驱动劳动力、资本、土地、技术、管理等要素实现网络化共享、集约化整合、协作化开发和高效化利用。党的十九大报告提出，贯彻新发展理念，建设现代化经济体系。我国经济已由高速增长阶段转向高质量发展阶段。推动互联网、大数据、人工智能和实体经济深度融合，大力发展数字经济，是加快新旧动能转换、建设现代化经济体系，推动高质量发展的重要举措。

2. 数字经济是构建信息时代国家竞争新优势的重要先导力量

随着数字经济的发展，信息时代的核心竞争能力表现为一个国家和地区的数字能力、信息能力和网络能力。我国发展数字经济有着自身独特优势和有利条件，在多数领域已形成与先行国家同台竞争、同步领跑的局面，未来在更多的领域都有领先发展的巨大潜力。当前，欧美等发达国家都将发展数字经济提升到国家战略高度，如美国的工业互联网、德国的“工业4.0”、日本的机器人新战略、欧盟地区的数字经济战略等。面对新一轮互联网信息化革命浪潮，我国政府根据基本国情和整体需要，提出“网络强国”的发展战略，积极推进“数字中国”建设，从而使得数字经济上升到国家战略层面。数字化工具、数字化生产、数字化产品等数字经济形态快速崛起，成为新常态下我国经济结构转型升级和经济发展的新动能。数字经济是经济一体化的重大机遇。世界经济结构正在经历深刻调整，许多国家都在寻找新的经济增长点，以期在未来发展中继续保持竞争优势，更有效地提高资源利用效率和劳动生产率。数字经济对全球经济增长的引领带动作用不断显现。发展数字经济已在国际社会凝聚了广泛共识，为促进各国务实合作，构建以合作共赢为核心的新型国际关系提供了重大机遇。

3. 发展数字经济是推进供给侧结构性改革的重要抓手

以新一代信息技术与制造技术深度融合为特征的智能制造模式，正在引发新一轮制造业变革，数字化、虚拟化、智能化技术将贯穿产品的全生命周期，柔性化、网络化、个性化生产将成为制造模式的新趋势，全球化、服务化、平台化将成为产业组织的新方式。数字经济在农业领域中不断引领农业现代化，开启数字农业、智慧农业等农业发展新模式。在服务业领域，数字经济的影响与作用已经很好地体现出来，电子商务、互联网金融、网络教育、远程医疗、网约车以及在线娱乐等使人们的生产生活发生了极大改变。我国产业成本持续走高，但产业效率却很低，数字化转型需求日益迫切。从成本来看，2000—2017年，中国劳动力的平均工资上升了8倍。波士顿咨询公司的报告也认为中国的制造成本逼近美国。从效率来看，中国工业的人均增加值只有美国的1/5，服务业更低，只有1/10。我国产业高质量发展亟须由要素驱动转向创新驱动，加快数字化转型是必然选择。中国信息通信研究院的测算表明，近年来工业企业的生产效率有所提升，其中有29%是由数字技术贡献的。

随着全球信息化步入全面渗透、跨界融合、加速创新、引领发展的新阶段,我国也借势深度布局,大力推动数字经济的发展。中国特色社会主义已经进入新时代,中国经济已由高速增长阶段转向高质量发展阶段,推动数字经济蓬勃发展,对于拓宽我国经济发展空间、培育发展新动能、满足人民日益增长的美好生活需要,都具有极为重要的意义。

(二)我国数字经济发展战略

2013年8月,国务院发布了“宽带中国”战略实施方案,宽带设施首次成为国家战略性公共基础设施。该战略目标是:在2015年基本实现城市光纤到户、农村宽带进乡入村、固定宽带家庭普及率达到50%、3G/LTE用户普及率达到32.5%。到2020年,宽带网络全面覆盖城乡,固定宽带家庭普及率达到70%,3G/LTE用户普及率达到85%,形成较为健全的网络与信息安全保障体系。

2015年7月,国务院发布《关于积极推进“互联网+”行动的指导意见》,旨在加强数字经济与传统产业的融合。目标是:到2018年,互联网与经济社会各领域的融合发展进一步深化,基于互联网的新业态成为新的经济增长动力,互联网支撑大众创业、万众创新的作用进一步增强,互联网成为提供公共服务的重要手段,网络经济与实体经济协同互动的发展格局基本形成。到2025年,网络化、智能化、服务化、协同化的“互联网+”产业生态体系基本完善,“互联网+”新经济形态初步形成,成为经济社会创新发展的重要驱动力量,“互联网+”的推动将进一步促进产业升级、提升公共利益、加速经济发展。

2015年5月至2016年7月,我国先后出台《中国制造2025》《促进大数据发展行动纲要》《国家信息化发展战略纲要》等一系列文件,为数字经济的发展提供了政策、技术等各方面的指导与支持。其中,《国家信息化发展战略纲要》为未来十年国家的信息化发展提出了“三步走”的战略方针:第一步,到2020年,核心关键技术部分领域达到国际先进水平,信息产业国际竞争力大幅提升,信息化成为驱动现代化建设的先导力量;第二步,到2025年,建成国际领先的移动通信网络,根本改变核心关键技术受制于人的局面,实现技术先进、产业发达、应用领先、网络安全坚不可摧的战略目标,涌现一批具有强大国际竞争力的大型跨国网信企业;第三步,到20世纪中叶,信息化全面支撑富强、民主、文明、和谐的社会主义现代化国家建设,网络强国地位日益巩固,在引领全球信息化发展方面有更大作为。该纲要旨在大力推动数字化建设,使其成为我国面对国际竞争的新优势,并为国内经济增长新态势持续注入活力,同时,降低数字设施应用成本,以全面提升社会福祉。

2020年7月3日,中国信息通信研究院正式发布《中国数字经济发展白皮书(2020年)》(以下简称"白皮书")。该白皮书是继2015年以来第六次发布的数字经济研究成果,其中,数字经济测算方法被纳入G20(阿根廷)《数字经济测算工具箱》,测算结果被广泛引用。值得注意的是,该白皮书首次提出了数字经济"四化"框架。

一是数字产业化。数字产业化即信息通信产业是数字经济发展的先导产业,为数字经济发展提供技术、产品、服务和解决方案等。具体包括电子信息制造业、电信业、软件和信息技术服务业、互联网行业等。数字产业化包括但不限于5G、集成电路、软件、人工智能、大数据、云计算、区块链等技术、产品及服务。

二是产业数字化。产业数字化是数字经济发展的主阵地,为数字经济发展提供广阔空间。产业数字化是指传统产业应用数字技术所带来的生产数量和效率提升,其新增产出构成数字经济的重要组成部分。数字经济不是数字的经济,而是融合的经济,其中实体经济是落脚点,高质量发展是总要求。产业数字化包括但不限于工业互联网、两化融合、智能制造、车联网、平台经济等融合型新产业、新模式、新业态。

三是数字化治理。数字化治理是数字经济创新快速健康发展的保障,是国家治理体系和治理能力现代化的重要组成部分,即运用数字技术，建立健全行政管理的制度体系，创新服务监管方式，实现行政决策、行政执行、行政组织、行政监督等体制更加优化的新型政府治理模式。数字化治理包括治理模式创新、利用数字技术完善治理体系、提升综合治理能力等。数字化治理包括但不限于以多主体参与为典型特征的多元治理，以“数字技术+治理”为典型特征的技管结合，以及数字化公共服务等。

四是数据价值化。价值化的数据是数字经济发展的关键生产要素，加快推进数据价值化进程是发展数字经济的本质要求。数据可存储、可重用，呈现爆发增长、海量集聚的特点，是实体经济数字化、网络化、智能化发展的基础性战略性资源。数据价值化包括但不限于数据采集、数据标准、数据确权、数据标注、数据定价、数据交易、数据流转、数据保护等。

人类经历了农业革命、工业革命，正在经历信息革命。新一轮科技革命和产业变革席卷全球，数据价值化加速推进，数字技术与实体经济集成融合，产业数字化应用潜能迸发释放，新模式新业态全面变革，将数据变成企业看得见可运营的资产，这是国家与时代的号召。

（三）我国数字经济总体规模

数字经济已经成为GDP的重要组成部分。《中国互联网发展报告2019》指出，2018年我国数字经济规模达31.3万亿元，占GDP比重达34.8%，数字经济已成为我国经济增长的新引擎。截至2019年6月，我国网民规模为8.54亿人，互联网普及率为61.2%，光纤接入用户规模达3.96亿户，居全球首位。

数字经济逐步成为我国经济发展的核心动力，并将为各行各业带来新的发展契机。“互联网+”数字经济指数由基础分指数、产业分指数、双创分指数以及智慧民生分指数四部分的加权平均值相加构成。其中，基础分指数由来自微信及手机QQ的移动互联网产品数据以及腾讯云计算平台的四个用量指标构成。产业分指数取自三大类行业微信公众号的十大特征值，移动支付数，以及京东、滴滴、携程、新美大这四家行业领先的互联网公司的交易及流量数值。双创分指数由新增App数量及有效创业项目数量构成。智慧民生指数来自对公共服务项目价值和质量的测评，以及用户活跃度、满意度等指标。细分行业中表现最为强劲的是医疗健康、交通物流以及教育行业，其增幅分别为397.61%、307.77%及304.88%。由此反映出，在过去一年里，各产业在数字化进程中取得的重大成果，以及部分产业消费升级带来的正面经济影响。

该报告分析，在我国各大城市中，北京、深圳、上海、广州的数字化进程较为领先，其余城市的数字化由东南沿海向中西部纵深发展。在省级单位的排名中，广东省高居榜首，北京、上海、浙江、江苏分居第2～5位。这五个省市在“互联网+”数字经济总指数中占比高达49.07%。排名稍后的省市相较第一梯队增长速度更快，其中二、四线城市的“互联网+”数字经济指数增速均高于全国水平，三线城市紧随其后。数字经济有助于缩小经济差距，推动国内整体经济的腾飞。

（四）我国数字经济面临的挑战

1.数字鸿沟

数字鸿沟是指在信息技术发展的过程中，由于数字化进程不一致导致的国与国、地区与地区、产业与产业、社会阶层与社会阶层之间在基础设施、居民数字素养以及数字信息内容公开程度上的差异。

近年来，尽管我国宽带普及率在不断提高，网民数量也在逐年增长，但城乡之间以及东西部之间的数字鸿沟仍在加剧。数字素养的差异是造成数字鸿沟的原因之一。数字素养是指获取、理解与整合数字信息的能力，具体包括网络搜索、超文本阅读、数字信息批判与整合能力，可以简单地总结为从数字信息中获取价值的能力。在数字时代，数字素养已经成为各行各业对劳动力的一项基本素质需求，加强数字化教育、提升国民数字素养是我国成为数字强国的重要环节。

此外,数字信息内容公开程度也是造成数字鸿沟的一大原因。数据及信息开放程度的落后将直接造成民众和企业在获取及应用信息上的困难,进一步拖缓数字进程,影响数字经济的发展。

2.数据质量

在数据成为核心资源的今天,数据质量直接关系着社会各方对资源的利用效率。ISO9000质量管理体系将数据质量定义为:数据的一组固有属性满足数据消费者要求的程度。数据的固有属性包括真实性、及时性、相关性,即数据能否真实反映客观世界、数据是否更新及时以及数据是否是消费者关注和需要的。同时,高质量的数据还需要是完整无遗漏、无非法访问风险以及能够被理解和解释的。

影响数据质量的原因有很多,比如数据的多源性。当一个数据有多个来源时,很难保证值的一致性,以及更新的同步性。其中一个影响数据质量的主要原因是复杂数据的表示方式不统一,标准不明确。随着大数据的发展,每天都会产生大量多维度异构数据,对复杂数据进行统一编码,方便数据之间的兼容与融合,还有待进一步发展。

3.信息安全

近年来,信息安全的威胁逐年增长。乔木网络的第11届年度全球基础设施安全报告显示,2015年DDOS攻击强度创下新高,最高一次强度超过500 Gb/s。目前,企业的网络安全预算普遍较低,多数公司在遭遇网络入侵事件时,因担心名誉受损、安全预算增加甚至担心激怒网络犯罪分子等原因而选择不公开。此外,个人网络安全消费支出也普遍较低,安全意识淡薄,多数网民在遭遇网络攻击后才考虑投入资金。加强网络安全监管、掌握核心技术、增强民众安全防范意识,是发展数字经济的重要一环。

4.法律法规

目前,相关法律法规滞后是数字经济发展面临的一大挑战。比如,伴随数字经济的发展,全球大量定时定点的工作岗位会逐渐消失,涌现出大批兼职、自我雇佣等灵活就业岗位，而现有的劳动合同法、社会保险法、社会保险费征缴暂行条例等法律法规不能给灵活就业者提供有效的社会保障。

数字知识产权的保护也需要引起重视。英国《数字经济2010》就着重强调了对数字产品，如音乐、媒体、游戏等内容的著作权进行规范与保护。同时，数据产权问题也日益凸显，数据由谁保管、如何处理与应用以及如何进行交易，所有者、拥有者、使用者和管理者之间的责、权、利的划分，也缺少相关法律的明确规定。此外，一些管理制度的落后与僵化，与数字经济去中心化、跨区域、跨行业、灵活多变的特质相冲突，制约了数字经济的发展。阿里巴巴集团副总裁、阿里研究院院长高红冰在2017“中国信息经济+金融科技发展”大会上提出，美国是数字经济强国，中国是数字经济应用大国。他表示，全球数字经济发展将呈现三个层次：第一，硅谷仍将引领核心技术创新，以色列会在个别领域紧跟美国；第二，中国、印度会是技术创新大规模应用的市场；第三，新技术和商业模式的应用需要硬件设备的支持，日本、韩国、中国台湾和华南地区将起到重要作用。

第二章 数字经济的基础产业与基础技术

第一节 数字经济的基础产业

一、电子商务产业

(一)电子商务产业概述

电子商务指借助电子手段进行的商务活动,具体而言是指经济活动主体之间利用现代信息技术,基于计算机网络开展的商务活动,实现信息搜集、接洽、签约、交易等关键商务活动环节的部分或全部电子化,包括货物交易及服务交易等。电子商务主要的关联产业包括制造业、运输业、仓储业、邮电业、电子信息业等。

1.电子商务产业的基本组成

电子商务是应用现代信息技术、数字技术,对企业的各项活动进行不断优化的过程。这个过程包括:四个要素,即商城、消费者、产品、物流;三个环节,即买卖、合作、服务。买卖环节是指各大购物网络平台通过为消费者和商家搭建电子交易平台,确保商家可以在平台上销售商品,消费者可以在平台购买到更多质优价廉商品的交易过程。合作环节包括电商平台与商品提供商建立合作关系、电商平台与物流公司建立合作关系以及商品提供商与物流公司建立合作关系，这些合作关系为消费者的购买行为提供保障，也是电商运营的必要条件之一。服务环节包括售前的咨询服务，售中的物流服务，以及售后的退货、修补等服务，从而实现再一次的交易。同时，电子商务系统还包括如下四个方面：①交易平台。第三方电子商务平台是指提供电子商务服务的信息网络系统的总和，这些服务包括撮合交易双方交易以及其他相关服务。②平台经营者。第三方交易平台经营者是指从事第三方交易平台运营，为交易双方提供服务，并在工商、税务等行政管理部门领取了相关执照的自然人、法人或其他组织。③站内经营者。第三方交易平台站内经营者是指在电子商务交易平台上为保障交易的顺利进行提供相关服务的自然人、法人和其他组织。④支付系统。支付系统由为买卖双方提供资金支付、清算服务的机构与传送支付指令和进行资金清算的技术手段、工具组成，旨在实现资金的转移和债券债务的清偿的金融安排，又被称为清算系统。电子商务形成了一个从产品信息搜集到物流再到在线支付的完整的产业系统。电子商务不再只是买卖双方之间的交易的简单电子化，其他行业机构如银行、物流、软件、担保、电信等也开始围绕网络客户的需求进行集聚，通过互联网这一“虚拟园区”交织成庞大的新产业环境，同时进行更广泛的资源整合。一系列有密切联系的企业和机构以互联网作为沟通合作的工具和相互竞争的平台，通过虚拟合作等形式实现跨越地理位置界限的资源共享和优势互补，形成一个有机的系统性产业——电子商务产业。

2. 电子商务产业的特征

电子商务产业是现代服务业中的重要产业，具有高人力资本含量、高技术和高附加值的“三高”特征以及新技术、新业态和新方式的“三新”特征，素有“朝阳产业”“绿色产业”之称。结合电子商务系统的内在机制、关系和性质，电子商务具有四个方面的主要特征：一是广泛的沟通机制。电子商务凭借网络工具，造就了一个真正意义上的无形市场，使交易的参与者、交易的场所、交易的支付结算形式打破了时间和空间的界限，为企业提供了无限的潜在商机。二是信息的及时性、完备性。电子商务应用于互联网，企业可以及时地发布信息，消费者也可以及时地获取信息。同时，关于企业本身及企业生产的产品质量信息，消费者通过搜索引擎能够对其有一个比较全面的了解。三是信息的动态更新。数字经济下电子商务产业的各种信息在不断更新，供求信息不停更新，商品资金不断流动，交易双方不停变更。四是形成了全球统一的市场。通过互联网，地球一端的交易者可以和另一端的交易者进行实时在线交易，资金可通过电子支付客户端在极短的时间内从一端转向另一端，货物也可以通过现代发达的航空、铁路、海运等物流方式在很短的时间内到达购买方的手里。

（二）电子商务产业的发展历程

电子商务是随着计算机技术及信息技术的发展而发展的，自计算机技术及信息技术诞生之初，世界各国就很重视其在商务中的应用。电子计算机普及率的迅速提高以及互联网的高速发展，使得以互联网为基础的电子信息基础设施成为现代信息传播的主要手段，电子商务产业开始形成。电子商务产业的发展大概经历了以下四个阶段：

第一阶段：从19世纪30年代开始的以电子通信工具为基础的初期电子商务。该阶段，人们开始使用诸如电报、电话、传真、电视等电子手段进行传递信息、交接商务文件、谈判、支付以及广告等商务活动。在电报发明之后，电子手段首次被人们运用于商务活动，电信时代的序幕由此拉开。用声音传递商务信息则开始于贝尔和华生在19世纪70年代发明的电话。受技术限制，人们只是尽可能地运用一些电子手段为商务活动带来便利。

第二阶段：兴起于20世纪60年代的以电子数据交换为基础的电子商务。伴随着个人计算机的诞生以及企业间专用网络的不断发展，作为电子商务应用系统雏形的电子数据交换技术和银行间的电子资金转账技术开始应用于企业间进行信息的传递，使商业信息、数据和文件等及时从一台计算机传递到另一台计算机，提高了商业运营效率，降低了商业成本。企业使用专用网络与设备的费用太高，缺乏相关人才，严重影响了电子商务的发展。

第三阶段：开始于20世纪90年代的以互联网为基础的电子商务。由于因特网在全球迅速普及和发展，出现了一种以互联网为基础的电子商务运营模式。该模式以交易双方为主体，借助网上支付和结算工具，以客户信息数据库为依托，成为现代电子商务产业运营模式的雏形。

第四阶段：从21世纪开始进入E概念电子商务阶段。随着电子商务的深入发展和人们对电子商务认识的深化，人们对电子商务的实质有了更全面的认识，认为电子商务实际上就是将电子信息技术广泛地应用于各种商务活动。现代信息技术使电子商务可以更大范围地融入人类社会活动，使电子商务活动可以与教育、医疗、金融、军事和政府等相关领域结合，拓展了电子商务的作用领域，E概念由此形成。比如，与教育结合形成电子教务——远程教育成人高校，与医疗结合衍生出电子医务——远程医疗，等等。其实质是将电子信息技术应用于社会各个领域，从而扩大电子商务的作用域，使得电子商务全面地融入社会各个领域。

随着云计算、物联网、大数据技术的日渐成熟和广泛应用，电子商务产业在E概念电子商务阶段进一步发展且发生了很多变化。

一方面，电子商务受物联网影响而产生变化。一是产品的质量监控得到完善。借助条码技术、二维码技术、RFID技术和GIS技术等，人们可以对产品生产、运输、存储、销售的全过程进行监控。进入生产阶段，投入生产的原材料就要嵌入EPC标签，产成品投入市场成为消费品，EPC标签一直存在，并记录了产品生产、运输、存储、销售的全过程的所有信息。消费者购物时,只需查询EPC标签即可知道商品的所有信息,从而达到对产品质量的全面监控。二是改善了供应管理。物联网主要影响供应链的制造环节、仓储环节、运输环节和销售环节,提升企业和整个供应链对复杂多变的市场的反应能力,加快反应速度。三是提升了物流服务质量。利用物联网的感应、辨析、互联的技术,实现查询和实时追踪监控。物联网对物流的主要影响:实现自动化管理,即获取实时数据、自动分拣等,提高作业效率,改变仓储状况;降低仓储成本;提高服务质量,优化整合供应链各个环节;促进物流信息化;等等。

另一方面,电子商务受大数据影响而产生变化。一是实现渠道优化。大数据的本质就是从海量的数据中分析出全面有效的信息,大数据使电商企业能寻找到更多的目标客户,优化营销渠道。二是实现营销信息精准推送。从海量数据中分析出目标客户更多的信息,包括年龄、性别、偏好等,就可以向目标客户发送其感兴趣的营销信息。三是连接线上、线下营销。电商企业可以通过互联网在线上将客户需要的信息发送给客户。如客户对产品持怀疑态度,即可线下联系,当面交易。

电子商务整合了商务活动中的人流、物流、资金流、信息流,使四流合一,使电子商务产业具有市场全球化、交易连续化、成本低廉化、资源集约化等优势。在现代技术的强力推动以及世界各地区对电子商务产业的重视下,全球电子商务市场高速发展。

在我国,电子商务产业受技术、政策等内外因驱动,电子商务市场规模保持快速增长。

二、信息技术产业

(一)信息技术产业概述

信息技术产业是指运用信息技术工具,搜集、整理、存储和传递信息资源,提供信息服务,提供相应的信息手段、信息技术等服务以及提供与信息服务相关的设备的产业。信息技术产业主要包括以下三个行业:一是信息设备制造行业。该行业主要从事电子计算机的研究和生产,包括相关机器设备的硬件制造和计算机的软件开发等,如计算机设备和程序开发公司等。二是信息处理与服务行业。该行业主要利用现代电子计算机设备和信息技术搜集、整理、加工、存储和传递信息资源,为相关产业部门提供所需要的信息服务,如信息咨询公司等。三是信息传递中介行业。该行业主要利用现代化的信息传递中介,及时、准确、完整地将信息传递到目的地,如印刷业、出版业、新闻广播业、通信邮电业、广告业等。

1.信息技术产业的特征

信息技术产业是综合性的信息产业。信息技术应用的广泛性、信息传播的普遍性以及信息技术产业的高渗透性和关联性,使信息技术产业广泛地融入其他产业中。现代信息技术已经融入社会经济活动的各个模块,从设计的CAD应用、产品样品的快速成型,到产品生产过程和控制的自动化、产品仓储的智能化管理、产品营销的数字化,当今社会中各个产业的市场价值和产出中无不包含着信息技术、信息劳动的价值。信息技术产业以现代科学理论和科学技术为基础,采用了最新的计算机、互联网和通信等电子信息技术,是一门极具科技含量的服务性产业。信息技术产业的发展可以提高国民经济增长率,改善国民经济发展结构,对整个国民经济的发展具有重大意义。信息技术产业借助现代信息技术进行相关产业活动,提升了经济信息的传递速度,使经济信息的传递更加及时、可靠和全面,进而提高了各产业的劳动生产率。信息技术产业加快了科学技术的传播速度,缩短了科学技术从发明到应用于生产实践的时间。信息技术产业的发展促进了知识密集型、智力密集型和技术密集型产业的发展,有利于国民经济产业结构的改善。

2.信息技术产业的作用

随着科学技术的迅猛发展和产业结构的日益升级,以搜集、整理、存储、生产、销售信息服务商品以及提供信息服务相关设备为主要业务的现代信息技术产业在世界经济中成为非常重要的基础性和支柱性产业。

首先，信息作为经济中的基础性资源发挥着越来越重要的作用。信息技术为人们搜集、整理、扩充、使用信息提供了多种便利条件。IT技术及相关制造业的高速发展，使得计算机网络系统、光纤等的铺设成本大大降低，使得生产、处理和传输信息设备的成本大大降低。现代信息服务企业通过搜集、整理、存储、分析信息转型为海量信息源的提供商，以满足人们生产、生活对信息的需求。各个领域的专家、学者及政府部门得到的信息越多，则科学研究、政府决策的效率就会越高。信息资源日益成为物质生产力提高以及社会财富的源泉。

其次，信息技术产业促进社会经济向信息化、数字化转变。信息技术作为基础商品和服务的领域正不断扩大，信息商品以及信息处理作为扩展商品和服务生产领域的重要因素，提高了社会财富的生产效率。信息技术产业的发展在提高社会经济效益的同时已经成为重要的国民经济增长点。

再次，信息是世界共同的语言，信息让世界联成一体。世界上从事与信息有关的工作的人越来越多，信息技术产业的规模越来越大，使信息技术产业成为容纳就业人数最多的产业部门，进而成为国民经济中发展最快的产业。

最后，信息技术产业是未来经济中最具潜在效益的产业。信息技术产业的发展为其他产业提供了巨大的潜在市场，将强有力地带动相关产业的发展，信息技术产业成为社会生产力发展和国民经济增长的新生长点。

20世纪90年代以来，作为现代高新技术基础的信息技术获得了突飞猛进的进展，推动了信息技术与经济活动的高度渗透与融合，使得信息技术产业具备极强的渗透性、带动性，在不断地创新与扩散、发展和迭代中，带动了一系列相关产业的发展。信息技术产业是知识密集、智力密集、高投入、高增值、高增长、高就业、省能源、省资源的综合性产业。

（二）信息技术产业的发展历程

在人类诞生的初期，人们依靠手势、眼神传递信息，依靠结绳记事。语言的形成使人类的信息交流方式取得革命性进展，而文字的出现则使人类文明产生重大转折。文字出现后，最初主要以甲骨、竹简、衣帛等为载体，由于信息载体的制约，信息的传播十分困难，传播范围也十分有限，因而信息业的规模很小，信息业处于萌芽初期。对信息业的发展起关键性作用的是造纸术和印刷术的发明与应用。由于从根本上解决了信息的大批量复制和传播困难的难题，这两项发明不仅促进了信息业的形成，而且有力地推动了人类文明的发展。以造纸术和印刷术的发明与应用为标志，信息技术产业从形成到发展，先后经历了以下几个阶段：

1.传统信息产业时代

传统信息产业时代开始于16世纪中叶，是以传统图书为信息传递工具和载体的时代，是图书逐步普及的时代。这一时期，信息产业的代表性部门包括传统的图书出版业、造纸业、印刷业、图书发行业。纸的发明，既推动了造纸业的发展，又推动了图书、报纸等出版物的出版发行和邮政业务的发展。造纸术、印刷术是传统信息产业时代的主要信息技术。这一阶段，信息产业发展的特征是：作为信息产业支撑部门的造纸业、印刷业技术较落后，信息生产能力与效率较低。这一阶段，信息产业的总体规模不大。

2.大众媒介传播时代

大众媒介传播时代从16世纪中后期到19世纪中期。随着工业革命的开始和近代科学技术的迅猛发展，人类对信息的需求剧增，促使印刷等信息技术取得重大进步,图书出版业发展迅猛。现代报纸和期刊的出现,使信息产业进入大众媒介传播时代。该阶段的特点是:传统的图书出版业规模进一步扩大,现代造纸、印刷技术与产业迅速发展,报纸等媒介的影响迅速扩大。现代报纸和期刊的出现,开创了信息产业发展的新时代——大众媒介传播时代。

3. 现代信息产业时代

从19世纪40年代人类历史上第一封电报的发出开始,信息技术产业的发展迈入以电信号为传输载体的现代信息产业时代。该阶段,信息技术产业的发展突飞猛进,在现代经济中扮演越来越重要的角色。一些革命性的信息技术创新不断出现,如电话的发明、大西洋电缆的成功铺设、世界第一个广播电台——KDKA广播电台的开播。每一次信息技术的进步都会使信息技术产业的内涵有所改变,规模进一步扩大。这一阶段,图书出版业、印刷和造纸业、大众传媒业继续扩大,广播电视产业和通信产业成为信息技术产业中的代表性产业。

4. 以计算机和互联网为中心的时代

从20世纪中叶开始,信息技术产业进入以计算机和互联网为中心的时代。20世纪40年代,世界上第一台通用计算机——ENIAC诞生,开创了信息技术产业发展的新纪元。随着计算机技术与通信技术相互交融以及互联网的逐渐普及,人类迈入全新的数字经济时代,信息技术产业被赋予全新的内涵。数字通信、移动通信迅猛发展,信息技术产业成为引领时代发展的引擎。在很多发达国家,信息技术产业已成为国民经济中的最大产业。

当今世界正发生着人类社会发展史上从未有过的最迅速、最广泛、最深刻的变化。人类社会的进步和经济的发展深受信息化的影响,世界各国对此都十分关注。信息化是重要的生产力,信息化包括信息的数字化、对数字化信息的存储以及信息的网络化传递与共享等。

(三)中国信息技术产业的未来发展趋势

现代信息技术的迅猛发展促使产业结构优化,信息技术产业已经成为当今中国产业结构中的重点发展产业,且逐步成为各个产业的领导者。信息技术产业的高速发展,推动了其他产业的良性发展和结构升级,信息技术产业已经成为中国经济发展的主要着力点。

中国信息技术产业的未来发展趋势:一是新常态下信息消费助推经济产品和新兴商业模式密集产生,信息消费的潜在需求越来越多地转化为现实需求,进一步提升了信息消费的战略地位,促进消费结构升级和信息技术产业的转型,同时推动中国经济向低碳化、数字化、智能化迈进。二是"互联网+"加速产业融合。中国的互联网产业处于世界领先地位,拥有阿里巴巴、腾讯、百度、京东等全球互联网企业。互联网已经渗入世界的各个部分,将世界紧密联系在一起,也使各产业深度融合,并催生出新的发展空间。比如:"互联网+传统产业"催生了互联网工业、C2B,而其关键基础在于制造业发展路径的创新和智能制造的升级;"互联网+金融商贸"催生了互联网金融、移动支付和O2O,提升了虚拟空间与现实空间的融合度;"互联网+生活服务"催生了在线教育和网络社交,改变了人们的生活方式,也使人们的生活质量得以提高。三是云计算、物联网和大数据快速发展,有利于智能制造产业的转型升级、自主信息技术产品的创新和人工智能应用的普及以及产业拓展。

第二节　数字经济的基础技术

数字技术是运用信息数字化的技术手段将客观世界中的事物转换成计算机可辨析的语言和信息,从而实现后续一系列的信息加工处理等应用操作的技术。数字经济世界的本质就是数据,而包括物联网、云计算、大数据、人工智能等在内的前沿技术就是为数据采集、处理、加工、再造服务业等而产生的新技术，它们是实现数字经济的手段或工具。在数字经济中，很多技术理念、管理理念甚至商业模式会随技术手段的发展而发生巨大的变化。

一、云计算

（一）云计算的概念

云计算是一种新型的计算模式，提供可用的、便捷的、根据需要并且按照使用流量付费的网络访问。进入云计算资源共享池，只需投入很少的管理工作，或者与服务供应商进行很少的交互，就能够快速、及时地获取资源。一般地，云计算分为三个层次的服务：基础架构即服务（IaaS）、平台即服务（PaaS）和软件即服务（SaaS）。

基础架构即服务（IaaS）是通过互联网提供数据中心、基础架构硬件以及软件资源，还可以提供服务器、数据库、磁盘存储、操作系统和信息资源的云服务模式。平台即服务（PaaS）只提供基础平台，软件开发者可以在这个基础平台上开发自身需要的应用，或者在现有应用的基础上进行拓展，不必购买相关的硬件设备，也不必购买或开发基础性的应用或者应用环境。软件即服务（SaaS）是一种应用软件分布模式。在这种模式下，应用软件安装在厂商或者服务供应商那里，用户可以通过某个网络来使用这些软件，不必下载安装，只需通过互联网与应用软件连接即可使用。SaaS是目前技术成熟、应用广泛的一种云计算模式。云计算改变了传统的IT商业模式，使消费模式由“购买软硬件产品”逐渐转变为“购买云服务”。

（二）云计算的特点

云计算的基本理念是将诸多复杂的计算程序、设备等资源放进“云”里，通过提高“云”的计算能力，降低应用客户端的负担，使应用客户端简化成一个单纯的输入输出设备。云计算的主要特点如下：

第一，虚拟的集中式与现实的分布式处理，动态地对资源进行分离与分配。云计算支持大量用户在任意的位置通过客户终端和高速的互联网将分布于各处的云资源虚拟地集中在一起，从而使客户快速地获得从原资源里分离出的服务。“云”将用户所请求的资源从原资源中分离出来，分配给用户，无须回收资源，提高了资源的利用率。

第二，降低了客户终端设备的要求，且通用易扩展。云计算对客户终端设备的要求极低，用户不需要购买高配置的终端设备，也不需要购买或者开发先进的应用程序，只需要配备适合获取云资源的基础应用环境即可。同时，云计算不针对特定的应用，只需要一般的相关设备即可获得云资源，形成的“云”规模可以动态伸缩，满足应用和用户规模增长的需要。

第三，自动化集中式管理降低了成本和技术门槛。云计算采用特殊的措施和极其廉价的节点构成云资源共享池，通过自动化集中式管理，向用户提供优质的云资源和应用开发环境，从而使很多企业不用再承担高昂的数据、资源等管理成本和研发成本，进而降低了技术开发的门槛，提高了资源的利用率。

第四，按需提供服务，数据安全可靠。通过云计算，用户可根据自身需要，向“云”请求所需要的资源，然后获得“云”分配的资源。同时，在云计算的应用模式下，人们可以将自己的资料、应用等上传至云资源池中，用户只需要连接互联网即可访问和使用数据。此外，多副本容错、计算节点同构可互换等措施保障了数据的安全性，使数据共享和应用共享变得更加便捷、安全、轻松。对于“云”数据和相关的基础设施，一般会有专业的IT人员进行维护，及时地对病毒和各类网络攻击进行防护，用户对客户终端进行日常的管理和维护即可。

（三）云计算的经济价值与社会价值

云计算是创新型的计算、处理和服务模式，为许多行业的营运管理、决策管理和信息数据的计算处理提供了全新的解决方案，突破了使用者的技术障碍,可以简单、方便、低成本、随需随取随扩展地获取更为优质的计算资源,从而使原本需要使用者自己处理的复杂计算变得简单,使用户可以减少对中间计算过程的关注而专注于最终结果,使很多没有技术资源的用户通过云资源共享池获取所需的计算资源。云计算使人类的社会生产分工更加系统化、专业化,优化了资源的配置方式,提高了资源的利用效率。云计算具有很高的经济价值与社会价值,具体体现在以下几方面:

第一,整合信息资源与服务,提供专业化的计算服务,优化资源配置,提高资源利用率。云计算整合了信息服务与计算服务,同时集中了各类相关资源服务,创建了一个基于互联网的集中式的、开放性的信息与计算服务平台。基于一个平台,云计算就可以满足数十亿用户的计算需求,避免了资源的浪费,提高了整个社会的资源配置效率和资源利用率。例如,在云计算模式下,中小企业想要对企业进行信息化改造、信息化管理,不需要自身购买或开发像ERP一样的信息管理系统,甚至不必购买或开发普通的财务软件,企业只需要购买相关的云服务,如云ERP、云财务等。对于部分中小企业,它们的技术水平低、经济实力弱、发展速度缓慢,可通过云服务获得技术支持,跨过技术瓶颈,促使企业升级。

第二,集中优势,发展规模经济、范围经济、速度经济,降低社会生产成本和投资风险。从供给角度分析,云计算呈现边际收益递增,包括规模报酬递增与范围报酬递增。云计算初始固定成本投入较高,可变成本投入逐渐降低,使得边际成本递减,平均成本降低,甚至在超过一定范围后,边际成本几乎为零,边际收益递增,使企业享受到规模经济带来的好处。在云计算中,无论是基础设施、平台还是软件,都需要较高的初始固定投入,一旦建成,就可以反复使用,进而降低成本投入,甚至形成一定规模后,不需要成本投入。从需求角度分析,云计算使原有的自建或购买产品模式转变为租赁服务模式。由于集中优势和规模经济，云服务提供商可以较低的成本提供服务，用户在减少固定资产投资的同时获得了更加快捷和低价格的服务。这种租赁服务的模式使整个IT建设和营运成本降低了50%，也降低了用户将大量资金投资于IT资源基础设施建设而导致资金链条断裂的风险。

第三，降低IT技术壁垒，扩展用户规模。现代经济高速发展，对IT的要求越来越高，所要求的IT应用也越来越复杂，大多企业面临信息技术壁垒的挑战，尤其是中小型企业。在传统模式下，企业需投入大量的人力、物力、财力和时间去研发符合自身需求的信息化系统，但是很多时候效果不是很理想，投入无产出，甚至造成公司内部管理的混乱。通过云服务获取计算资源，企业可以更加专注于核心业务，中小型企业也可以摆脱技术约束，实现技术升级、规模升级。

第四，整合数据资源，挖掘大数据的潜在价值，消除体制障碍。云计算提供了统一的计算和服务平台，使数据资源集中，形成海量的动态数据集合。单台电脑或单一服务器在面对规模庞大、无统一结构、零散的数据集合时，处理能力较弱，而云计算的分布式处理平台为大数据的处理、分析提供了可能，增加大数据的潜在价值。在某些具体的领域，云计算还能消除体制的弊端。例如，电子政务云与公共服务云就打破了部门分割和部门利益，实现了信息共享与业务协同，促进了服务型政府的建设。对于医疗、教育、社保、文化等公共事业单位，在信息化发展到一定程度时，必然会遇到信息共享与协同困难的问题。部门内部或小团体为维持自身利益，总会想方设法地阻碍信息共享，便形成了“信息孤岛”。电子政务与公共服务引入云计算，将各部门的信息资源整合集中在统一的平台上，既消除了“信息孤岛”、解决了信息冗余带来的存储资源浪费和数据的不一致问题，又使得信息资源更大范围地得到利用，充分发挥其效用。企业采用私有云应用，也能很好地解决企业内部各部门之间信息共享的问题。

第五，增强IT资源的综合集成，促进智能管理与服务的实现。集中的IT资源，不仅提供了集中计算、统一管理、整合运行的技术支撑，还增强了统筹规划和顶层设计的能力。云计算创新了城市管理与服务，使城市各部分有机地结合在一起，便于实现智能管理。例如，云交通通过云服务平台整合现有资源、统一指挥、高效调度平台中的资源，显著提升了处理交通堵塞、突发事件等的能力。

（四）云计算的发展历程

一方面，互联网技术的进步增加了大众对个性化信息的需求，个性化的信息需求产生了信息服务，两者相互促进。互联网技术的进步，扩大了互联网的应用领域和用户规模，影响力不断增强。大众的信息需求涉及学习、生活、工作和娱乐等方方面面，从最初的电子邮件服务到现在的搜索引擎、网上购物、网络新闻、数字图书馆、网络游戏等，互联网已经成为社会系统必不可少的一部分，已经成为重要的基础设施。另一方面，用户对个性化信息需求的增加，促进了更先进的计算的产生。现代社会的发展速度在不断加快，人类对信息的需求激增，需要更多的信息，也需要更先进的加工信息的技术手段来提高信息的质量。

传统的计算方式已不能处理如此大规模的数据，分布式处理模式的云计算应运而生。云计算的发展历程分为如下五个阶段：第一，前期积累阶段。云计算从计算提出开始，前期积累阶段包括图灵计算的提出，虚拟化、网格、分布式并行等技术的成熟，云计算概念的形成，云计算技术和概念的积累等。第二，云计算初现阶段。云计算的初现阶段以Salesforce推出软件即服务（SaaS）、LoudCloud推出基础架构即服务（IaaS）以及Amazon推出AWS服务为标志。自此，SaaS和IaaS云服务都出现了，并被市场接受。第三，云计算形成阶段。云计算的形成阶段以Salesforce发布平台即服务（PaaS）以及Google推出Google AppEngine等为标志。自此，基础架构即服务（IaaS）、平台即服务（PaaS）和软件即服务（SaaS）三种云服务模式全部出现。此时，IT企业、电信运营商、互联网企业等纷纷推出云服务。第四，云计算快速发展阶段。云计算进入快速发展阶段，云服务功能日趋完善、种类日趋多样，传统企业开始通过扩展、收购等模式，纷纷投入云服务中，云服务高速成长。第五，云计算成熟阶段。通过深度竞争，市场逐渐形成主流品牌产品和标准，并且形成了产品功能比较健全的市场格局，云服务进入成熟阶段。

当前，云计算技术日趋成熟，处于快速发展阶段，云计算的运用越来越广泛。云计算为大数据的计算提供了可能，与此同时，大数据的应用在很大程度上拓展了云计算的应用范围。

（五）我国云计算发展现状

近年来，我国云计算发展迅速。云计算在我国从概念性阶段逐步进入实质性发展阶段。云计算在我国的发展大致可以分为三个阶段。

第一阶段：云计算萌芽阶段。从市场的角度看，主要是云计算市场的培育阶段。该阶段的特点是云计算的概念模糊，人们对云计算的认知度普遍很低，云计算技术还不成熟。在这一阶段，云计算开发商各自为政，没有形成统一的技术标准。

第二阶段：云计算成长阶段。云计算市场也进入成长阶段。该阶段的特点是云计算应用案例迅速增加，云计算得到了我国IT市场比较深入的了解和认可，云计算发展进入实质性阶段，商业应用的概念逐步形成。在此期间，云计算技术迅速发展，云计算市场规模迅速扩大。

第三阶段：云计算成熟阶段。云计算市场也进入成熟阶段。该阶段的特点是云入网络，而传感器、RFID等则借助自身植入的具有一定感知、计算以及执行能力的嵌入式芯片和软件，使物智能化，通过互联网等通信网络实现信息传输和共享，进而使物与物、人与人以及人与物实现全面通信。

二、物联网

(一)物联网的特点

物联网是互联网的拓展,物联网将联系人与人的互联网拓展到了物质世界。物联网包含传统互联网的所有特征,与互联网相比,物联网也有自己的特点:一是物联网具有全面的感知性。物联网应用多种感知技术,通过部署大量的各种传感器获得信息,每一个传感器就是获取信息的中介,每一个传感器所接收的信息是不同的。二是物联网能进行准确、可靠的传输。互联网仍然是物联网的内在基础和核心,物联网借助广泛的有线和无线网络实现与互联网的融合,使物的信息能够实时、准确地传递出去,实现物的智能化,进而使传统互联网的覆盖范围得到扩展。物联网可以将终端上的数字化、微型化、智能化的传感器定时采集的信息依靠互联网等通信网络传递出去。为确保信息传输的及时性和可靠性,物联网需要适应不同的异构网络和传输协议,以实现高速且可靠的传输。三是物联网能够实现智能化处理。物联网提供连接传感器的方式和智能化处理的能力,以实现对物的智能化控制。传感技术和智能化处理的广泛结合,使物联网可以更加深入、更加广泛地利用云计算、专家系统、遗传算法和模式辨析等各种智能技术,拓展其应用领域。同时,为满足不同用户的多样化需求以及发现更符合需要的应用模式或应用领域,物联网可以从传感器获取的海量数据信息中分析、提取和加工出所需要的数据信息。

物联网的本质特征归纳起来主要有三个方面:首先,具有互联网的特征,即对需要相互联系的物,一定要能够形成互联互通的网络。其次,具有自动辨析与通信的特征,即纳入物联网的物一定要具备自动辨析与物物通信的功能。最后,具有智能化的特征,即整个物联网系统应具有自动化辨析、自我反馈与智能控制的特征。

对物联网的整个系统进行分析,物联网还具有以下系统性特点。一是即时性、连续性特点。人们借助物联网随时随地、不间断地获得物联网世界中物与人的信息，包括属性以及现实状态等信息。二是加强了物质世界的联系，加强了人与物质世界的联系。物联网使物质世界更加普遍地连接以及更加广泛地联系，随着物联网的不断拓展，这种连接和联系还在不断加深、加强，这种连接与联系的加深、加强很大程度上也提升了人类的能动性和物的智能化，促使人类世界与物质世界更深地融合。三是物联网的系统性特征。物联网技术与其他技术的不断融合、与其他行业的不断融合，扩大了物联网覆盖的范围，体现出物联网的系统性特征。物联网为人类社会与物质世界提供了联系的纽带，确保整个世界的发展更具系统性。

（二）物联网的经济价值与社会价值

物联网实现了物的智能化，简化了劳动者的具体劳动步骤，改进了物质资料的生产方式，完善了资源的配置方式，提高了资源的利用效率，创造了更多的价值。

对于物联网价值创造的研究是从商业模式、商业价值等角度展开的。从商业模式的角度，物联网的价值创造是信息采集和传输促使管理和交易模式创新的结果，是新技术革命推动生产方式的改变，引发生产效率提升的过程，实现了高效、节能的目标。从商业价值的角度看，物联网通过改变物质世界的信息沟通方式、物质世界与人的世界的信息沟通方式，使得信息更加多维、全面。物联网在经济生活中的应用主要体现在以下几方面：

第一，物联网对电子商务的推动作用。商家在产品上植入数据信息传感的电子芯片，使消费者在选择商品的时候更加方便。物品从制造、包装到运输的整个过程的具体配送情况都可以通过物联网查询到。这些信息与地理信息系统和全球定位系统是实时连接的，这样的信息集合在一起能够构成一个庞大的物流信息网络。通过扫描在物品上植入的射频辨析标签，管理人员可以获得该物品的相关信息，进行生产、包装的管理，质量的检查以及物流信息的检索等。

第二，物联网在交通方面的应用。在汽车上植入物联网电子设备之后，可以实现对汽车的远程控制，如汽车的自动解锁、导航的启动、车门的开关、意外情况的自动呼叫等。在高速公路收费站采用ETC车道收费，与其他现金通道对比，一条ETC车道约相当于8条人工收费车道的通行能力，有效减少了车辆停车收费所导致的空气污染、燃油浪费等问题。ETC车道的广泛应用可以大大缩短司机通过收费站的等待时间，缓解了车流量过大时排队停车导致的高速公路堵塞问题，极大地便利了人们的出行，也降低了长时间行车的成本。随着物联网的发展，许多地区出现了跨多个城市使用的一卡通，为人们的长距离出行提供了便利。例如，人们出行可以便利地搭乘地铁、公共汽车等交通工具。这鼓励了人们多搭乘公共交通工具，减少了环境污染。

第三，物联网在数字图书馆、数字档案馆以及文物保护和数字博物馆方面的应用。在数字图书馆的管理方面，相对于条码辨析数据或者档案来说，使用无线传输的RFID能够使得各种文献或者文档的管理更加高效、可靠。应用RFID设备进行管理的时候，RFID标签和阅读器对替代条码进行辨析，自动地定位导航相关文献、档案和书架，智能地对不同的文献、档案进行分拣，这就让图书的借还可以实现全自动化操作。通过物联网可以查询具体图书和位置，借书、还书都可以实现自动化。物联网在文物保护方面也具有重要意义，文物的保存对环境要求很高，其所在环境的光照强度、空气湿度、粉尘比例和气体等都会影响文物的保存，通过物联网可以对环境进行长期监控，为文物营造良好的保存环境。

第四，物联网在卫生、医疗领域方面的应用。以RFID为代表的自动辨析技术使得医疗设备和药品等物品能够得到从生产到使用过程的全程监控，提高医疗设备和药品等物品的质量。还可对病人在不同时期的会诊情况进行监控，不仅可以提高医院工作人员的工作效率，而且可以帮助病人得到便捷的就诊。

随着物联网技术的不断成熟，物联网的应用范围越来越广泛。物联网作为新一代信息技术的代表，具有联系性、整体性、系统性等特点，对社会发展的影响是全面而深远的。物联网将“物”与个人、企业、市场、政府等有机地整合在一起，将各个国家、地区、民族有机地整合在一起，使全球经济、社会发展趋同，形成了一个全球共享的经济体，形成了真正的“地球村”。

物联网将“物”与“人”（包括个人、企业、政府等）有机整合，使“人”能够感知到“物”更全面、更多维的信息，甚至通过“物”感知和获得更全面、更多维的其他“人”的信息，同时也增强了信息的流动性，对于传统市场的信息不完全、信息不完备的情况起到了很好的完善补充作用。市场主体可以通过多方位、多渠道获得其他市场主体的相关信息，从而可以在很大程度上避免由信息不对称造成的逆向选择、道德风险等现象。如保险公司可通过物联网获得投保客户的信息，通过大数据技术分析信息，对客户进行准确定位。与此同时，物联网推动了全球一体化的进程，使关联企业、关联产业的联系更加紧密。

社会生产的总过程是由生产、分配、交换、消费四个环节组成的，它们相互联系、相互制约。在实际的生产总过程中，生产关系、分配关系、交换关系、消费关系可能存在严重的失衡，造成一系列的经济矛盾、社会矛盾，而物联网可以促使这四方面的关系更加协同，使这四方面的关系在动态中达到平衡，促成和谐。

（三）我国物联网发展现状

我国物联网的发展经历了学习研究阶段、政府推动阶段以及应用推广阶段。随着我国物联网政策的日益完善，物联网逐步产业化。对于物联网的发展，政府在政策以及资金方面都提供了大力支持，物联网技术迅速进步，物联网产业规模逐渐扩大，尤其是物联网应用领域不断扩大，使相关产业的资源整合不断优化。随着物联网技术的不断进步、应用领域的不断扩大以及与相关产业融合的不断深入，我国物联网的发展除了具备世界物联网发展的共同特点外，还具备以下特点：

一是多层次的政策驱动是现阶段我国物联网发展的主要动力，政府积极参与，推动物联网不断发展。随着世界物联网的不断发展以及物联网给世界带来的变化不断凸显，我国政府越来越意识到发展物联网的紧迫性。我国政府对物联网的支持力度持续加强，物联网的发展逐步成为推进我国信息化工作的重点。工业化与信息化的深入融合，推动了经济结构的转型，促进了经济的发展。各地政府纷纷响应政策的号召，高度重视物联网的发展。

二是物联网各层面技术成熟度不同，传感器技术是攻关重点。总体来看，物联网的技术门槛似乎不高，但核心环节、关键技术的成熟度参差不齐，导致物联网产业标准的制定和应用发展迟缓。

三是物联网产业链逐步形成，物联网应用领域逐渐明朗。经过业界的共同努力，我国物联网产业链和产业体系逐渐形成，产业规模快速扩大。安防、交通和医疗三大领域，有望在物联网发展中率先受益，成为物联网产业市场容量大、增长最为显著的领域。

三、大数据

（一）大数据的概念

随着计算机、互联网全面地融入社会生活以及信息技术的高速发展，人类已经进入信息爆炸的时代。当信息量累积到一定程度的时候，就产生了“大数据”这个概念。数据作为重要的生产要素已渗透到每一个行业，对海量数据的挖掘效率和运用效率将直接影响新一轮生产力的增长。大数据是指数据量的大小超出常规的数据库工具的获取、存储、管理和分析能力的数据集合。一般认为，大数据即指海量的、结构复杂的、类型众多的数据构成的集合，其反映的信息是多维的，能够对现实作比较精确的描述，能够对未来情况作比较精准的预测。

（二）大数据的特点

大数据的特点并非固定不变，随着现代信息技术、数字技术的高速发展，大数据的特点也是发展变化的，或者说，大数据本身具有的特点，随着技术的发展会凸显出来。大数据发展至今，人们对大数据的认识也在不断加深。

一般认为，大数据的主要特点如下：①数据量大。传统的数据处理大多是基于样本统计推断，所能搜集到的样本量也是极小的，所以搜集、存储、处理的数据都是非常少的。大数据时代，各种各样的现代信息技术设备和网络正在飞速产生和承载大量数据，呈现大规模的数据集合形态。②数据类型多样。传统的数据大多是结构化的数据，如调查表等自制的统计表，也有部分半结构化数据，如针对所需要的目标统计资料而搜集的需要加工改造的其他统计资料。总的来说，数据类型较为单一。大数据时代，数据的结构极为复杂，数据的类型极其繁多，不仅有传统的结构化文本数据，还包括半结构化和非结构化的语音、视频等数据，包括静态数据与动态数据。③数据搜集速度快。大数据要求对数据的搜集、存储、处理速度必须非常快。大数据是以数据流的形式存在的，快速产生，具有很强的时效性。更快、更高效、更及时地从海量数据中搜集所需要的数据并及时处理，是从大数据中获取价值的关键之一。④数据价值密度小。虽然大数据具有海量的资料，但是对于具体的数据需求主体，其真正有价值的部分是有限的，即大数据的价值密度是极小的。相较于样本统计推断的传统数据而言，大数据中有价值的部分是接近总体的，所以大数据必然是极具商业价值的。⑤数据真实。传统数据中，官员为政绩、学界为交差、商界为名利，注水性数据导致硬数据软化特别严重，传统数据的质量深受怀疑。大数据情况下，虽然为了既定目标经过处理后的大数据可能会掺水造假，但是原始的数据资料是不能造假的。当对处理后的数据产生怀疑时，可以对原始大数据进行复核。⑥数据是在线的。数据是永远在线的，是随时能调用和计算的，这是大数据区别于传统数据最大的特点。数据的在线性也为数据的共享提供了可能，数据具有共享性。⑦数据的可变性。海量的数据并不都是所需要的，因此要将数据处理改造成自身所需要的。不同的个人、企业等主体对数据的需求是不同的，但可以从相同的数据池中取得数据源，处理成自身所需要的数据，所以大数据具有可变性。⑧数据的高渗透性。越来越多的行业对信息的数量和质量需求越来越高。随着大数据与各个行业、产业结合，与社会经济生活融合，大数据将具有更多与具体的行业、产业融合而产生的新特点。

对大数据的特点进行全面认识和分析后，发现大数据的首要特点是海量的数据，而海量数据包含多维的信息、全面的信息。相较于传统的数据，从海量的数据中获得所需要的信息更为重要。一般地，大数据处理基本流程包括数据源、数据采集、数据处理与集成、数据分析、数据解释五个步骤。

（三）大数据的经济价值和社会价值

近年来，在以云计算、Hadoop为代表的数据分析技术、分布式存储技术的帮助下，对积累的数据进行全面的分析成为可能，各行各业纷纷以构建大数据的解决方案作为未来战略的主要方向。大数据的价值在于海量的数据、全面的信息，能够更准确地模拟现实世界，从而精准地预测未来。大数据的经济价值和社会价值主要体现在大数据对企业、政府、产业三方面的促进作用上。

第一，大数据促进企业创新，优化企业资源配置。首先，大数据促进企业更深入地了解客户的需求。传统的了解客户的方式主要是调查问卷、电话访谈、街头随机问话等，通过这些传统的方式所获得的数据量是极少的，受调查区域的制约，所调查的数据也缺乏代表性。应用大数据，通过互联网技术可以追踪到大量的对本企业感兴趣的客户，运用相关性分析客户的偏好，对客户进行精准分类，从而生产或提供客户满意的商品或服务。其次，大数据促进企业更准确地锁定资源。应用大数据技术，企业可以精准地锁定自身发展所需要的资源。企业可以对搜集的海量数据进行分析，了解到这些资源的储备数量和分布情况。与此同时，大数据促进企业更好地规划生产。传统的企业生产具有很大的盲目性，企业依据市场价格的涨落并结合自身的经验，推测市场是供不应求还是供过于求，以此确定企业生产什么以及生产多少。通过应用大数据来规划生产框架和流程，不仅能帮助企业发掘传统数据中难以得知的价值组合方式，而且能够对组合生产的细节问题提供一对一的解决方案，为企业生产提供有力保障。此外，大数据能够促进企业更好地运营。传统企业的营销大多依靠自身资源、公共关系和以往的案例来进行分析和判断，得到的数据模糊、不可靠。由于市场是动态变化的，得到的数据可能有很大偏差。应用大数据进行相关性分析，企业的营运方向将更加直观且更容易辨析，在品牌推广、地区选择、整体规划方面更能从容应对。最后，大数据能够促进企业更好地开展服务。对于提供服务或需要提供售后服务的企业，由于服务不能满足客户而造成客户流失是一个不得不面对的问题。面对规模庞大、地域分布散乱、风俗习惯各异的客户，企业改进服务、完善服务总是显得力不从心，甚至有时候精心设计的服务却不是客户所需要的。大数据可以针对顾客群体细分，对每个群体量体裁衣般采取独特的行动。同时，根据客户的属性，从不同角度深层次分析客户、了解客户，以此增加新的客户、提高客户的忠诚度、降低客户流失率、提高客户消费等。

第二，优化社会公共服务，提升政府决策能力，促进政府管理创新。大数据能够提高社会管理与服务水平，推动政府相关工作的开展，提高相关部门的决策水平、服务效率和社会管理水平，实现巨大的社会价值。大数据有利于政务信息的公开。数据开放是趋势，大数据的应用可以助推云计算打破“信息孤岛”，实现信息共享，促进政府部门之间信息的衔接。应用大数据技术可以检验政务部门在云计算平台上共享数据的真伪，从而在一定程度上监督政务部门公开真实信息，形成用数据说话、用数据管理、用数据创新的政务管理模式。

第三，助推传统产业升级，优化市场结构。大数据具有科学、专业、精准的分析和预测功能，有利于推动经济结构的转型、产业的升级。大数据能够促使高投入、高消耗、高污染、低效益的粗放型经济增长方式转变为集约型、精益型的经济增长方式。利用大数据，每一个企业在规划生产时都能做到科学生产、精益生产、低碳生产。同时，在分析需求时，又能准确地分析出各个阶层、性别、年龄段等不同类别的消费者需要什么，需要多少，什么时候需要，这样的模式降低了行业内部盲目竞争的程度，提升了商品生产的能力。大数据还能增加市场的透明度，使市场主体能得到更多的信息，使市场主体的经济行为更趋于理性。同时，因为信息透明度提升，市场主体之间的信息共享度提升，尤其是诚信信息，这将增强市场主体诚信经营的意识，促进市场信用机制的完善。大数据对于解决市场的滞后性、盲目性有巨大的作用。大数据的精准预测能力增强了市场主体对市场变化的了解。针对市场的变化，市场主体可以提前采取相应的某种对策。由于大数据所搜集的信息具有多维性、全面性，市场主体可以考虑市场多方面的变化，预先制定应对不同变化的策略，减少其市场行为的滞后性和盲目性。

一方面，大数据推动了政府对市场的了解，以便政府能更好地处理与市场的关系，更好地发挥政府的作用。另一方面，大数据使市场这只“看不见的手”越发的透明化，使市场存在的诸如外部性等问题能及时暴露出来，政府这只“看得见的手”便能通过制定相应的规则规范市场或者及时出手干预，以保证市场的良好运行。

作为创新型的数据处理技术，大数据与云计算、物联网的融合程度正在不断加深。作为创新型的信息分析工具，大数据与物理学、生物学、环境生态学等领域以及军事、金融、通信等行业产业的融合程度也在不断加深。大数据已成为一个国家竞争力的核心要素，成为引领人类社会未来的指南针。

（四）我国大数据发展现状

大数据作为一门新兴产业，在我国的发展还处于初级阶段。从结构上看，我国大数据市场与其他市场存在一定的区别。在我国大数据市场中，软件比重较大，而服务比重较小。我国大数据发展存在的问题主要包括如下三个方面：

一是大数据商业应用程度还比较低，大数据产业发展结构不均衡。我国大数据产业还处在极度分散的状态，优秀的人才分布在不同企业，很难形成人才合力。大多数企业规模小，很难在企业做深做大，很难利用大数据帮助企业实现业务提升。

二是我国大数据相关的政策法规存在滞后性。政策法规的滞后性是我国大数据应用面临的最大瓶颈，如隐私问题、数据开发和数据的共享与保护。大数据要形成海量的数据库，必然涉及数据的共享，在共享中又要注意保护数据的隐私以及提供数据的企业的相关权利。

三是大部分企业还是应用结构化数据，非结构化数据应用较少，使得我国很难形成真正意义上的“大数据”。从云计算的方式看，大部分企业选择自建大数据平台，很少企业通过云计算实现，这也约束了我国大数据产业的发展。

四、人工智能

（一）人工智能的特点

人工智能发展以来，其应用领域越来越广泛，包括专家系统、智能控制、语言和图像理解、机器人学、机器人工厂、遗传编程等。这些应用领域虽有很大不同，但都体现出人工智能的以下特点：

首先，人工智能既综合又极具开放性。人工智能涉及认知科学、哲学、数学、神经生理学、心理学、计算机科学、信息论、控制论、不定性论等，并且随着这些学科的发展而发展。人工智能在发展的同时能够及时与各方面技术有机融合，促成人工智能的更新换代升级，使人工智能更具时代特点。如人工智能与云计算、物联网、大数据等技术的融合，使智能领域范围不断扩大，由智能交通、智能城市扩展到智能社会、智能时代。

其次，人工智能既应用广泛又极具实践性。人工智能是一门对人的模拟的学科，其目标是让机器或组合形成的系统能完成人的工作，甚至在计算、处理速度等方面超越人，所以人所从事的工作领域都是人工智能正在或潜在的设计领域，从低层的操作到高层的决策，人工智能都能得到充分的应用。同时，当其在某个领域内得到应用后，就逐渐转化为该领域内的问题，即人工智能具有外向性。

最后，人工智能是知识型、智力型的科学技术。人工智能的发展速度极快，在发展中总有很多创新型的技术成果出现。人工智能对于现代技术，包括计算机技术、电子元件制造技术及信息技术等要求是很高的，需要大量的、具有丰富知识的技术性人才参与其中。

（二）人工智能的发展历程

人类社会的生产创新大致分为三个阶段。第一阶段是引入机器，提升农业产量。农业一直是人类经济增长的支柱，而引入机器标志着思想和机器之间的关系的根本转变——技术可以用来减少工作量。第二阶段是工业革命，开始制造单一动作能力更强大的机器以发展工业，此后不断推动工业生产走向自动化道路。在第一阶段和第二阶段，人类使用机器来替代人类从事一些较为困难和烦琐的工作，机器忠实地执行着人类的判断和意志，这是上述两个阶段与第三阶段的本质差别。

在过去的很长一段时期，人类认为工业革命是生产力飞速增长的唯一方式。第三阶段，人类正在帮助机器获得思维能力，获得更高的精度和更快的速度，以超越人类在智力和控制方面的极限。

多数人仍然低估了第三阶段（人工智能阶段）的经济潜能。我们正处于人工智能阶段的初期，正在经历全球经济体系的“自疗”过程。从微观角度来看，由于电子商务模式的挤压，制造企业的利润一再下滑，制造业创新的积极性受到打击，实物产品的品质并没有得到本质提高。

从宏观视角来看，全球性金融危机和经济衰退并没有好转，包括中国在内的部分地区的经济出现下行走向。上述宏观、微观的现象恰恰体现了全球产业调整、生产工艺革新、生产组织方式革新的必然周期规律。历次技术革命都会给传统产业带来巨大冲击，同时也会改造和提升传统产业。如果不积极主动转型，就会在后一个时期“落后挨打”。

（三）人工智能的主要研究路径

人工智能的主要研究路径如下：一是符号计算，或称代数运算。符号计算是一种以符号为处理对象的智能化计算，符号可以代表整数、有理数、实数和复数，也可以代表多项式、函数、集合等。二是模式辨析。模式辨析就是借助计算机，应用数学方法来研究模式的自动处理和判读。计算机技术的发展为人类研究复杂信息的处理过程奠定了技术基础，也为计算机实现对文字、声音、物体等的自动辨析提供了技术可能。三是专家系统。专家系统就是通过搜集各领域专家的知识和经验以及进行推理和判断的数据，融合计算机技术和人工智能技术开发出来的模拟人类专家解决专业领域问题的计算机程序系统。借助专家系统可以模拟人类专家的决策过程，使复杂问题能得到专家处理。四是人工神经网络和机器情感。即以现代神经科学的研究成果为基础，模拟神经元的处理方式，构造出来的由大量人工神经元互联组成的非线性、自我学习的信息处理系统。该系统试图让机器、计算机等通过模拟人脑神经网络记忆和处理信息的方式进行信息处理，使机器、计算机等具有“人”的感情和思想。

数据催生出模型，模型又催生出模拟，模拟可使人工智能成为可能，人工智能又带来智能社会。随着云计算、物联网和大数据等技术不断深入发展，人工智能与这些技术的融合也在不断加深，人工智能将使社会趋向广泛的智能化。云计算、物联网、大数据和人工智能对数字经济的技术性基础支撑作用将越来越重要，全面的数字经济社会即将到来。

(四)人工智能对人类社会的影响

人工智能正在深度影响和改变着人类社会。

第一,人工智能对经济利益的影响。计算机等硬件设备价格的持续下降为人工智能技术的广泛应用提供了可能,进而带来可观的经济效益。成功的专家系统的执行结果如同专家亲临一样,并且可以反复利用,可以大规模地减少培养费用和劳务开支,带来可观的经济收益。人工智能还能推动计算机技术的深入发展。人工智能正在对计算机技术的方方面面产生重大影响。人工智能的应用对计算提出了更高的要求,要求计算机必须能够胜任繁重的计算任务,这在一定程度上促进了并行处理技术和专用机成片开发技术的进步,促使自动程序设计技术、算法发生器和灵活的数据结构应用于软件开发。在人工智能的研究过程中开发出来的新技术,都推动了计算机技术的发展,同时也提高了计算机对人类社会经济发展的贡献率,为人类带来更多的经济利益。

第二,人工智能对人类社会的影响。一方面,人工智能改变了传统的就业方式。人工智能可以替代人类执行各种体力和脑力劳动,促使社会经济结构和就业结构发生重大变化,从而造成大量的摩擦,甚至造成部分人口永久性地失业。人工智能广泛应用于科学技术和工程项目,造成部分从事信息处理活动的人们丧失机会,从而不得不对原有的工作方式做出重大改变。另一方面,人工智能促进了社会结构的改变。随着技术的进步,人工智能正在逐步替代人类从事各种社会劳动。随着人工智能的发展,人类社会结构也受到潜移默化的影响,由“人-机器”的社会结构逐步变为“人-智能机器-机器”的社会结构。此外,人工智能促进了人们思维方式与观念的改变。人工智能的进步以及应用的推广,对人类的思维方式和传统观念产生了重大影响,甚至促使思维方式和传统观念发生重大改变。例如,人工智能系统的知识数据库对库存知识可以自我辨析、自我修改以及自我扩充和更新,这是对书本、报纸和杂志上的传统知识的重大改变。作为一种高新技术,人工智能是一把双刃剑，它的高速发展使一部分人从心理上感觉受到威胁。在人工智能的实际应用中有自动规划和智能搜索，人类可以用人工智能来规划自己的明天。例如，用神经网络去逼近现实和预测明天，根据预测的结果，机器会自动做出规划。很多事情可以由人工智能完成，从而把人类从繁忙的工作中解放出来。

第三，人工智能对文化的影响。人工智能改善了人类语言模式。根据语言学的观点，思维需要语言这个工具来具体表现，语言学的研究方法可以用来研究思维规律，但人的某些潜在意识往往“只能意会，不可言传”。人工智能技术的应用，结合语法、语义和形式的知识表示方法，使得知识更加便于用自然语言来表示，同时，也更加适合用人工智能的形式来表示。人工智能技术拓宽了人类文化生活的视野，打开了更多全新的窗口。例如，人工智能中的图像辨析和处理技术势必影响到图形广告、艺术和社会教育等部门，还将影响到智能游戏机的发展，使其成为更高级更智能的文化娱乐手段。

第四，人工智能将重塑产业格局，引领新一轮工业革命。人工智能将在国防、医疗、工业、农业、金融、商业、教育、公共安全等领域取得广泛应用，催生新的业态和商业模式，引发产业结构的深刻变革，对传统产业产生颠覆性影响。未来，人工智能将在大多数领域替换人类烦冗而复杂的工作，将人类解脱出来。

第三章　数字经济发展路径

第一节　数字经济基础建设

随着信息时代的不断发展,数字经济已经成为全球经济发展的重要驱动力。在此背景下,各国纷纷制定了数字经济基础建设战略决策,以期在未来全球竞争中占据优势地位。

一、数字经济基础建设的重要性

数字经济的飞速发展带来了生产力的提高、生产效率的提升以及新的商业模式的出现。大力发展数字经济,加强数字经济基础建设,对于推动经济发展具有重要意义。数字经济基础建设的重要性体现在多个方面。从经济发展的角度来看,数字经济基础建设可以促进经济的快速增长和转型升级。从社会发展的角度来看,数字经济基础建设可以提升人民生活水平,推动社会进步。从国家安全的角度来看,数字经济基础建设可以保障国家信息安全,维护国家利益。下面,将从这些方面详细阐述数字经济基础建设的重要性。

第一,数字经济基础建设可以促进经济的快速增长和转型升级。数字经济是当今世界经济发展的重要引擎,具有创新、高效、可持续的特点。数字经济的发展需要依托于良好的基础设施，如高速网络、数据中心、云计算等。只有建立完善的数字经济基础设施，才能够为企业和个人提供快速、稳定、安全的服务，激发创新活力，推动经济增长。此外，数字经济基础建设还能够推动传统产业的转型升级，通过数字技术的应用，提高生产效率和质量，降低成本，增强企业竞争力。

第二，数字经济基础建设可以提升人民生活水平，推动社会进步。数字经济的发展不仅是企业和政府的事情，更关系到每个人的利益。数字经济基础建设可以为人们提供更加便捷、高效的服务，如电子商务、在线教育、智能交通等。这些服务的普及和发展，可以带来更多的就业机会，提高劳动生产率，改善人民生活水平。同时，数字经济基础建设还能够促进社会的信息化、智能化和可持续发展，推动社会进步。

第三，数字经济基础建设可以保障国家信息安全，维护国家利益。数字经济的发展离不开信息的传输和处理，而信息的传输和处理过程中存在着各种安全风险。数字经济基础建设可以加强网络安全保障，建立健全信息安全管理制度，提升国家信息安全能力。只有保障信息安全，才能够防止信息泄露、数据篡改和网络攻击等，确保国家信息安全，维护国家利益。

此外，数字经济基础建设对于国家创新能力和竞争力的提升具有重要意义。数字经济是一个高技术含量的产业，需要大量高素质的专业人才和创新能力的支撑。数字经济基础建设可以加强人才培养，提升创新能力，建立完善的创新环境和创新机制，提升国家创新能力和竞争力。只有具备了先进的数字经济基础设施和创新能力，才能够在国际竞争中立于不败之地，实现经济的持续发展。

二、数字经济基础建设的核心要素

第一，网络基础设施建设。高速网络是数字经济发展的基础，各国需要加强网络基础设施建设，扩大网络的覆盖范围，提高网络速度，为经济发展提供坚实的网络基础。

第二，数据中心建设。数据中心是数字经济的核心基础设施，需要加快建设数据中心以满足数字经济发展的需求。各国应充分考虑数据中心的地理位置、能源供应、网络连接等因素，建设安全、高效、绿色的数据中心。

第三，技术研发与人才培养。技术创新是人才培养的核心驱动力。各国需要加大对技术研发的投入，培养创新型人才，以推动数字经济的发展。

第四，政策支持。政府需要制定有利于数字经济发展的政策措施，为经济发展提供良好的政策环境。

第五，市场开放与国际合作。在数字经济时代，国际合作对于提升国家竞争力具有重要意义。各国需要加强市场开放，推动国际合作，共享数字经济发展成果。

三、数字经济基础建设的实施

数字经济基础建设是指在现代社会中，为支撑数字经济发展而进行的一系列基础设施建设。数字经济基础建设的实施对于促进经济发展、提升国家竞争力具有重要意义。

第一，数字经济基础设施建设是数字经济发展的基石。数字基础设施包括网络、数据中心、云计算、物联网等。网络是数字经济的基础，只有普及、高速、稳定的网络才能够支持数字经济的快速发展。数据中心和云计算是数字经济的重要支撑，它们能够存储和处理大量的数据，为企业和个人提供强大的计算和存储能力。物联网则是数字经济与实体经济深度融合的重要技术，通过连接各种设备和物品，实现智能化管理和服务。

第二，数字经济基础建设需要加强网络安全保障。随着数字经济的快速发展，网络安全问题日益突出。网络攻击、数据泄露等安全威胁给数字经济带来了巨大的风险。因此，加强网络安全保障是数字经济基础建设的重要任务，包括完善网络安全法律法规体系、加强网络安全监管和执法、提升网络安全技术和能力等。只有保证网络安全，才能够有效保护数字经济的正常运行和发展。

第三，数字经济基础建设需要加强数据资源建设和管理。数据是数字经济的核心资源，数字经济的发展离不开大数据。因此，加强数据资源建设和管理是数字经济基础建设的重要内容，包括完善数据产权保护制度、建立健全数据共享和开放机制、加强数据隐私保护、提升数据治理水平等。只有优化数据资源的利用和管理，才能够推动数字经济的快速发展。

第四，数字经济基础建设需要加强人才培养，提升创新能力。数字经济需要大量高素质的专业人才支撑。加强人才培养是数字经济基础建设的重要任务，包括加强高等教育和职业教育的数字经济人才培养，加强科研机构和企业的合作，提升创新能力和技术水平等。只有培养出一支高素质的数字经济人才队伍，才能够推动数字经济的快速发展。

综上所述，数字经济基础建设的实施涉及网络基础设施建设、网络安全保障、数据资源建设和管理、人才培养等多个方面。只有加强这些方面的建设，才能够为数字经济发展提供坚实的基础，推动数字经济的持续健康发展

第二节 数字经济融合发展

随着科技的飞速发展，数字经济正在以前所未有的速度融入人们的生活，改变着人们的生产方式、经济结构和社会形态。在这个大背景下，我国政府提出了数字经济融合发展战略决策，旨在抓住新时代的发展机遇，推动我国经济实现高质量发展。

一、数字经济融合发展的背景

近年来，全球科技创新进入密集活跃期，以人工智能、大数据、云计算等为代表的新一代信息技术取得了突破性进展。这些技术的发展和应用，催生了数字经济这一新的经济形态，为全球经济增长注入了新的活力。我国政府高度重视数字经济的发展，提出了一系列政策措施，推动数字经济和实体经济的深度融合，以实现经济的高质量发展。

第一，全球数字经济迅速发展，已成为各国竞争的新高地。根据联合国贸发会议的报告，2019年全球数字经济规模已达到25.8万亿美元，占全球GDP的16.4%。数字经济已经成为全球经济增长的新引擎。我国政府审时度势，提出数字经济融合发展战略决策，旨在抓住全球数字经济发展的历史机遇，提升我国在全球数字经济竞争中的地位。

第二，我国数字经济发展取得显著成果，具备进一步融合发展的基础。近年来，我国数字经济发展迅速，取得了举世瞩目的成果。根据中国互联网络信息中心发布的报告，2020年底我国数字经济规模达到39.2万亿元，占GDP的比重达到38.6%。数字经济已经成为我国经济增长的重要支柱。在这个基础上，提出数字经济融合发展战略决策，有利于进一步发挥数字经济的优势，推动我国经济转型升级。

第三，数字经济融合发展战略决策有助于推动我国经济高质量发展。数字经济具有高度的创新性、渗透性和融合性，可以与实体经济、科技创新、绿色低碳等领域深度融合，产生倍增效应。发展数字经济，可以提高生产效率，优化资源配置，培育新的经济增长点，推动我国经济实现高质量发展。

二、数字经济融合发展的主要内容

（一）推动数字技术的创新与应用

推动数字技术的创新与应用，包括加强数字技术的研发，引导企业和组织加大对数字技术的投入和创新。同时，鼓励数字技术的应用，促进数字技术与传统产业的深度融合。

（二）加强数字基础设施建设

数字经济的融合发展需要良好的数字基础设施支撑。加强数字基础设施的建设包括推进宽带网络的建设、提升云计算和大数据中心的建设水平、加强数字化服务平台的建设等。

（三）促进数字产业的发展

促进数字产业的发展，包括鼓励和支持数字经济相关产业的创新和发展，培育数字经济产业集群，推动数字经济与传统产业的深度融合。同时，加强数字经济产业链的建设，提高数字经济产业的附加值。

（四）加强数字人才培养与引进

数字经济的发展需要大量的数字人才支持，因此，需要加大对数字经济人才的培养力度，提高数字经济人才的数量和质量。同时，鼓励各方加大对数字人才的引进，吸引国内外高层次的数字人才参与数字经济的融合发展。

（五）加强政策支持与合作

加强政策支持与合作，包括制定和完善相关政策，提供财税等方面的支持，为数字经济的融合发展提供良好的政策环境。同时，加强国际合作，推动数字经济的全球化发展，促进数字经济的互联互通。

（六）加强数字安全与隐私保护

数字经济融合发展过程中，面临着数据安全和隐私保护的挑战。因此，需要加强对数字安全和隐私保护的技术研发与应用，建立完善的数据安全和隐私保护机制。

三、数字经济融合发展的实施

（一）制定明确的发展目标和路线图

实施数字经济融合发展战略，需要制定明确的发展目标和路线图，包括明确数字经济融合发展的目标和任务，确定发展的重点领域和方向，制定具体的发展计划和时间表。

(二)加大政策支持和资金投入

实施数字经济融合发展战略,需要充分发挥政府的引导和推动作用。政府可以出台相关政策,提供财税等方面的支持,鼓励企业和组织参与数字经济的发展。同时,需要加大对数字经济融合发展的资金投入,为数字经济的发展提供必要的资金保障。

(三)加强技术创新和应用推广

技术创新是数字经济融合发展的核心驱动力。为了实施数字经济融合发展战略,需要加大对数字技术的研发和创新,推动技术的商业化和应用推广。可以采取鼓励企业和组织加大对数字技术的投入和创新、加强数字技术的转化和应用推广等措施。

(四)加强产业协同和深度融合

实施数字经济融合发展战略,需要加强产业协同和深度融合。可以通过建立数字产业联盟、开展跨领域合作等方式,促进不同产业之间的合作和融合,推动数字经济与传统产业的深度融合。

(五)加强国际合作和交流

数字经济融合发展是一个全球性的趋势。为了实施数字经济融合发展战略,需要加强国际合作和交流,共同制定数字经济发展的标准和规则,推动数字经济的全球化发展。

(六)加强监管和法律保障

数字经济的融合发展需要有良好的监管和法律保障。为了实施数字经济融合发展战略,需要加强对数字经济的监管和监督,完善相关的法律法规,建立健全的监管机制,确保数字经济的健康发展。

总之,数字经济融合发展为我国经济发展带来了新的机遇和挑战。我们要紧跟时代步伐,勇立潮头,把握新时代的发展机遇,共同推动我国数字经济实现高质量发展。

第三节　数字经济共享参与

数字经济是指以数字技术为基础，运用互联网、物联网、大数据、人工智能等技术手段，推动经济生产、消费、交流和管理等各个环节的数字化、网络化、智能化的经济形态。在数字经济时代，数字技术的发展和普及改变了人们的生活方式、经济模式和社会结构。数字经济的快速发展不仅对经济增长和创新产生了积极影响，也对政府的决策和治理提出了新的挑战。

一、数字经济共享参与的重要性

数字经济共享参与是指利用数字技术和网络平台，促进政府、企业和公众之间的共享、参与和合作，以推动决策的科学化、透明化和民主化。数字经济共享参与的重要性主要体现在以下几个方面：

（一）提升决策的科学性和准确性

数字经济的发展使得大量的数据和信息可以被采集、存储、分析和利用，为政府决策提供了更为丰富和全面的数据支持。通过数字技术和大数据分析，政府可以更加准确地了解社会经济状况、民众需求和行业发展趋势，从而制定更具科学性和针对性的政策和措施。

（二）增强决策的透明度和公正性

数字经济的共享参与使得政府决策的过程和结果更加透明和公开。政府可以通过建立政务信息公开平台和社会化媒体账号，向公众公开政府决策的信息、理由和依据，接受公众的监督和评议。同时，政府还可以利用数字技术和网络平台，开展网上民意调查和社会评估，广泛征集公众意见和建议，提高政策决策的公正性和民主性。

（三）促进政府与企业、公众的合作和共赢

数字经济的共享参与为政府、企业和公众之间的合作和共赢提供了新的机会和方式。政府可以通过开展众包和众创活动，吸引社会各界的智慧和创新力量，共同解决公共问题和社会矛盾。政府还可以利用数字技术和互联网平台，实现政府采购和公共服务的电子化、在线化，提高政府效能和服务质量，促进经济发展和社会进步。

（四）推动经济结构的优化和创新能力的提升

数字经济的共享参与可以促进产业结构的优化和创新能力的提升。政府可以通过数字技术和网络平台，建立产业创新联盟和创新孵化器，聚集企业、高校、研究机构和创业者的智慧和资源，推动产业技术升级和创新能力的提升。政府还可以利用数字技术和大数据分析，了解新兴产业发展的趋势和机遇，制定相关政策和措施，引导和支持新兴产业的发展，推动经济结构的优化和转型升级。

（五）提升社会信任和凝聚力

数字经济的共享参与可以促进政府与企业、公众之间的互信和合作，增强社会的凝聚力和稳定性。政府可以通过数字技术和网络平台，建立政务信任体系和信用评价机制，加强对政府决策的监督和评估。政府还可以利用数字技术和互联网平台，打造政府与公众之间的互动和沟通渠道，加强政府与公众之间的沟通和理解，增强社会的凝聚力和稳定性。

（六）提高政府的应对能力和风险防控能力

数字经济的共享参与可以帮助政府更好地了解社会经济状况、民众需求和风险挑战，及时调整决策和政策，增强政府的应对能力和风险防控能力。政府可以利用数字技术和大数据分析，建立风险预警系统和应急管理平台，提前识别、评估和应对各类风险挑战，保障社会的稳定和安全。政府还可以利用数字技术和网络平台，加强政府与企业、公众之间的合作和协调,共同应对公共危机和灾害事件,提高社会的应对能力和风险防控能力。

通过数字技术和网络平台,政府可以制定更具科学性和针对性的政策和措施,提高政府决策的透明度和公正性,促进政府与企业、公众之间的合作和共赢,推动经济结构的优化和创新能力的提升,增强社会信任和凝聚力,提高政府的应对能力和风险防控能力。政府应积极推动数字经济的共享参与,实现战略决策的科学化、透明化和民主化,为经济社会发展提供更好的支持和保障。

二、数字经济共享参与的实施

随着数字经济的快速发展,越来越多的企业和组织开始意识到数字经济的重要性,并积极参与其中。数字经济共享参与的实施主要包括以下几个方面:

(一)了解数字经济的特点和趋势

在实施数字经济共享参与战略决策之前,需要了解数字经济的特点和趋势。数字经济具有信息化、网络化、智能化等特点,同时呈现出快速发展、创新驱动、全球化等趋势。了解这些特点和趋势,有助于制定有效的战略决策,推动数字经济的发展。

(二)建立数字经济共享参与的机制和平台

为了实施数字经济共享参与战略决策,需要建立相应的机制和平台。这些机制和平台包括数字经济协会、数字经济研究机构、数字经济平台等。通过建立这些机制和平台,可以促进各方的交流与合作,共同参与数字经济的发展和决策。

(三)加强数字经济共享参与的能力建设

数字经济共享参与的能力建设是实施战略决策的关键,包括增强各方的数字经济意识和认知、培养数字经济人才、加强数字技术的研发和应用等。通过加强能力建设,可以提高各方参与数字经济的能力和水平,推动数字经济的共享参与。

(四)加强数字经济共享参与的政策支持

政策支持是实施数字经济共享参与战略决策的重要保障。政府可以制定相关的政策和法规,鼓励企业和组织参与数字经济,并采取相应的支持和激励措施。同时,政府还可以加强监管和管理,确保数字经济的健康发展和公平竞争。

(五)促进数字经济共享参与的国际合作

数字经济的发展是全球性的,国际合作是实施数字经济共享参与战略决策的重要环节。各国可以加强数字经济的合作与交流,共同制定数字经济发展的标准和规则,推动数字经济的全球化发展。同时,各方还可以分享经验和资源,实现互利共赢。

(六)建立数字经济共享参与的评估和监测机制

为了确保数字经济共享参与战略决策的实施效果,需要建立相应的评估和监测机制。通过评估和监测,可以了解数字经济共享参与的实际情况,及时调整和改进战略决策,确保数字经济的可持续发展。

三、数字经济共享参与面临的挑战与对策

随着数字经济的快速发展,数字经济共享参与也面临着一些挑战,包括技术发展不平衡、数据安全与隐私保护、数字鸿沟、法律和监管的不完善等。针对这些挑战,可以采取一些对策来应对。

(一)技术发展不平衡

在数字经济共享参与中,技术发展不平衡是一个重要的挑战。不同地区和国家的技术水平存在差异,一些地区可能面临技术落后的情况。为了应对这一挑战,可以采取以下对策:

第一,加强技术创新和研发。通过加大投入和支持,鼓励企业和组织进行技术创新和研发,提高技术水平。

第二,加强技术转移和合作。促进技术的转移和合作,推动技术的共享和交流,全面提升各方的技术水平。

第三，加强人才培养和引进。加大对数字经济人才的培养和引进力度，提高各方的技术能力和水平。

（二）数据安全与隐私保护

在数字经济共享参与中，数据安全与隐私保护也是一个重要的挑战。数据的泄露和滥用可能导致严重的后果，影响数字经济的发展。为了应对这一挑战，可以采取以下对策：

第一，建立完善的法律法规和政策。制定相关的数据安全和隐私保护的法律法规和政策，明确各方的责任和义务。

第二，加强技术手段和措施。提升数据安全和隐私保护的技术手段和措施，包括加密技术、数据权限管理等。

第三，加强监管和管理。加强对数字经济参与方的监管和管理，确保数据安全和隐私保护。

（三）数字鸿沟

数字鸿沟是指在数字经济发展中，不同地区和群体之间存在的信息和技术的差距。数字鸿沟的存在会导致一些地区和群体无法充分享受数字经济发展带来的机遇。为了应对这一挑战，可以采取以下对策：

第一，加大数字基础设施建设力度。在数字经济发展中，加大对基础设施的投入，包括宽带网络、云计算等，缩小数字鸿沟。

第二，加强数字经济教育和培训。提供数字经济教育和培训，增强各方的数字经济意识和能力，促进数字技能的普及。

第三，支持创新和创业。鼓励和支持创新和创业，提供相应的政策和资金支持，促进数字经济的发展和共享参与。

（四）法律和监管的不完善

在数字经济共享参与中，法律和监管的不完善是一个挑战。数字经济发展速度快，法律和监管相对滞后，难以适应数字经济的发展。为了应对这一挑战，可以采取以下对策：

第一，加强法律和监管制度的修订和完善。及时修订和完善相关的法律和监管制度，使其能够适应数字经济的发展。

第二，加强跨部门合作和协调。各部门之间加强合作和协调，共同推动相关法律和监管制度的制定和实施。

第三，加强国际合作，共同制定数字经济发展的标准和规则，推动数字经济的全球化发展。

第四章　典型产业的数字化转型

第一节　农业的数字化转型

在数字经济快速发展的背景下，数字农业应运而生。数字农业是农业发展的高级形态，发展数字农业是我国由农业大国向农业强国跨越的重要途径。当前，数字农业正呈现出高质量发展的势头，以新业态、新功能新技术为主要特征，通过赋能传统农业，不断催生出新业态，实现农业经营增收，提高了流通效率，提升了产品质量，产生了较为显著的经济效益和社会效益。《“互联网+”现代农业三年行动实施方案》《数字乡村发展战略纲要》等文件为数字农业发展指明了方向，推动了数字农业的高质量发展。然而，数字农业在发展的同时，也面临着数字经济基础薄弱、产品化能力弱、专业技术人才缺乏等困境。因此，推进数字农业高质量发展，需要采取针对性的措施，提供信息化支撑，提供新动能，同时需要统筹兼顾经济效益、生态效益和社会效益，实现三者融合发展。

一、数字农业的内涵

“数字农业”一词由美国科学院和工程院院士于1997年首次提出。数字农业是将信息作为农业生产的核心组成部分，用现代化的数字技术对农业发展的全过程进行整体衡量、数字化设计以及信息化管理的现代农业。数字农业主要包含四个部分：农业物联网、农业大数据、精准农业、智慧农业（见表4-1）。

表4-1　数字农业的组成部分

	农业物联网	农业大数据	精准农业	智慧农业
定义	农业物联网从本质上讲，是一套数控系统	农业大数据是与农业物联网相对应的概念，它是一个数据系统	精准农业是建立在农机硬件基础上的执行和操作系统	智慧农业是建立在经验模型基础之上的专家决策系统，其核心是软件系统
运作方式	在特定的封闭系统内，以探头、传感器、摄像头等设备为基础，根据已经确定的参数和模型，进行自动化调控和操作	在开放系统中采集数据，建立数据库，通过参数、模型和算法来组合和优化数据，为生产操作和经营决策提供依据	以农机的单机硬件为基础，配以探测设备和智能化的控制软件，以实现精准操作	智慧农业强调的是智能化的决策系统，配之以多种多样的硬件设施和设备，是系统+硬件
应用领域	用于设施农业生产过程的管理和操作，也用于农产品的加工、仓储和物流管理	主要用于大田农业的生产和农业全产业链的操作和经营	用于设备和设施操作的精准和智能化控制，是硬件和软件的有机结合	在农业物联网和农业大数据领域得到广泛应用

传统农业以养殖产业和种植产业为主，主要包括育种、灌溉、施肥、饲养、疾病防治、运输和销售等环节，这些均靠人力来完成，存在生产效率低、波动性大、农产品的质量无法保证等问题。数字农业的发展是对传统农业的改造与升级，通过将地理信息系统、信息技术等与地理学、农业、作物学等基础学科有机结合，完成农业生产的全程监测、信息获取，生成动态空间信息系统，进而合理充分地利用农业资源、降低生产成本、改善农业生态环境，最终提高农产品的质量，实现增收。

二、我国数字农业的机遇

（一）政策利好、市场主体增多

自2013年以来，我国就推出了有关“互联网+”、农业农村信息化等若干政策，多地先后出台了数字乡村政策文件，我国数字农业呈现出快速发展之势。农业农村部统计显示，2019年，全国县域数字农业农村发展水平达36%，同比增长9%，农业生产数字化水平23.8%，同比增长5.2%，且中部地区的农业生产数字化水平与东部地区齐平，实现了弯道超车。

与此同时，数字农业市场也呈现蓬勃发展之势。以淘宝、抖音、拼多多等为代表的传统网络电商加速往农村渗透；以中粮集团有限公司、江苏农垦农业发展股份有限公司等为代表的大型农企在数字化转型上引领潮流；以浙江托普云农科技股份有限公司、北京云洋数据技术有限公司等为代表的新兴科技企业为农业信息化生态繁荣带来了活力。据统计，2019年全国县域农业农村信息化社会资本投入近480亿元，是财政总投入的2.6倍，市场主体已成为数字农业的中坚力量。

（二）数字基础设施不断完善

2020年以来，在“新基建”背景下，我国全面数字化转型的进程提速，光纤宽带等传统信息基础设施进一步升级，5G、数据中心等新型数字基础设施不断完善，为数字农业带来重大利好。数据显示，截至2020年6月，全国行政村通光纤率和4G覆盖率均超过98%，农村网民规模达2.85亿人。农村电商、乡村旅游等“互联网+农业”新业态蓬勃发展。2020年上半年，全国农产品网络零售规模达1937.7亿元，同比增长39.7%。

截至2020年年底，5G基站数量超60万个，覆盖全国地级以上城市。此外，卫星互联网加快建设，北斗系统正式启用，低轨卫星星座计划相继启动，遥感测绘、气象分析等为数字农业发展提供了更多技术手段。

（三）数字技术应用日渐成熟

移动互联网和智能手机的普及让农民电商、直播带货成为潮流。5G、物联网、工业互联网等信息技术的发展使得数字农业技术应用逐渐成熟。在种植、畜禽养殖、水产养殖等领域，物联网技术实现了生产环境监测、农作物病虫害、精准诊断、动物体征监测等应用。区块链技术的精准溯源让农产品质量安全越来越有保障。应用人工智能技术养猪已经是现实。

在农业大数据应用方面，国家层面已建成了全国农产品市场信息平台、质量追溯平台、农药兽药基础数据平台等多源大数据资源池，初步构建了行政管理、政务服务等线上体系。在商业领域，农业大数据也为农业金融、保险、旅游等配套服务升级提供了有效助益。

在数字化综合应用方面，各类创新模式也开始出现。在江苏，位于城郊的数字化农场正成为时髦，人们可以付费认养一块专属菜地，通过一部手机即可线上查看菜地状态，预约现场务农等。在浙江，观光农业和乡村旅游成为农民增收的重要途径。在各类互联网圈子里，众筹有机农产品屡见不鲜。

（四）数字农业市场潜能不断释放

2020年以来，受新冠疫情影响，传统农产品售卖渠道受阻，倒逼网络购物、直播购物迅猛发展。习近平总书记通过直播平台为陕西柞水木耳点赞，被形容为“最强带货员”。疫情后，为刺激消费回暖，各级政府通过线上渠道发放电子消费券，带动国内市场快速复苏，数字经济优势进一步凸显。直播电商、社区电商等新消费模式活跃，“互联网+农业”的数字红利充分释放，带动农业数字化转型向深度迈进。

在农业生产端，受益于物联网、工业互联网的发展，智慧农业软硬件价格进一步下降，通过一部手机就能够实现自动化灌溉、施肥，大大提高了生产效率。

三、我国数字农业发展现状

数字农业的目的是发展现代农业和提高农业效益，解决现有农业生产中存在的各种供求矛盾。具体来说，数字农业是利用现代计算机技术和互联网手段与平台，使得农作物生长与产供销全过程智能化、数字化和信息化。显然，数字农业是我国农业未来发展的主要方向，也是实现农业现代化的重要举措。为支持数字农业概念落地，我国先后在多个现代农业政策中提及数字农业的推广。《“十四五”推进农业农村现代化规划》提出，构建和推广应用农业农村大数据体系，推动物联网、大数据、人工智能、区块链等新一代信息技术与农业生产经营深度融合。与此同时，随着物联网技术的日趋成熟，以及远程监控、无线传感器监测等的不断发展，智慧农业的建设步伐加快,农业生产更加快捷、有效。

目前,数字农业的应用主要集中在食品溯源、生产环境监测和农业精细化管理等方面。自2011年起,我国结合国家互联网应用示范工程,在北京、黑龙江、江苏开展了农业物联网应用示范,在天津、上海、安徽组织了农业物联网区域试验。物联网技术在农业领域的应用已经取得明显成效,涌现出一批比较成熟的软硬件产品和应用模式,试验示范出先进适用的传感器设备、配套的应用软件、成熟的技术应用模式、可行的市场化解决方案,为粮食增产、农业增效、农民增收以及解放和发展农村生产力、促进农业可持续发展发挥了先导示范作用。

在大田种植方面,通过综合运用3S技术、智能化农机装备、作物生产管理专家决策系统等,实现了生产管理的定量化、精确化,亩均减少农药、化肥施用量10%以上,单产提高5%~10%。在设施园艺方面,通过对光、热、水、气、肥等环境因子的实时监控,创造植物生长的最佳环境,设施温室和大棚的产量和效益平均提高10%以上。在畜禽养殖方面,运用自动调控畜舍环境和智能化变量饲养技术,实现养殖环境因子远程调控和预警预报,平均减少劳动用工30%以上,养殖和疫病防控水平显著提高。以生猪养殖为例,通过农业监测、控制智能管理平台,提高单位时间产出率8%,降低生猪病患率以及病体传播率50%。在水产养殖方面,推广应用以调控水体溶解氧为主要目标的智能控制系统,实现了养殖环境自动调控和水体环境闭环控制,水产品的产量和质量都明显提高,节本增效10%以上,同时,水体环境污染得到有效控制。

数字农业能够有效提高农业园内部的管理效率,加强农业生产、加工、运输到销售等全流程数据共享与透明管理,实现农产品全流程可追溯,对于加强农产品品牌建设、增加农产品附加值、保证农产品质量安全具有重要意义。

四.我国数字农业取得的成效

(一)农村网络覆盖率不断增长

《中国互联网络发展状况统计报告》显示,截至2020年12月,全国农村地区互联网普及率为55.9%，超额完成了《“十三五”全国农业农村信息化发展规划》中有关目标。据工业和信息化部数据，截至2020年底，全国农村宽带用户总数达1.42亿户，比上年末增长5.3%。全国行政村通光纤和4G比例均超过98%，农村和城市实现同网同速。

（二）数字农业农村建设步伐加快

自“互联网+现代农业”行动实施以来，现代化信息技术与农业农村融合发展趋势显著。农业农村部统计数据显示，2019年，全国县域数字农业农村发展总体水平达36%，其中农业生产数字化水平为23.8%，发展较为迅速。此外，农村电商发展也较为迅速。2020年，全国农产品网络零售额达5750亿元，同比增长37.9%，市场规模不断扩大。行政村电子商务服务站点覆盖率为78.9%。

（三）农业数字化转型成效初显

随着乡村分享经济逐步兴起，新业态新模式也方兴未艾，如定制农业、创意农业、认养农业、云农场等。农业农村部信息显示，9个农业物联网示范省，苹果、大豆等8大类15个品种的全产业链大数据建设试点及81个数字农业试点项目建设不断推进，农业数字化转型明显加快。

（四）信息进村入户工程全面推进

截至2020年底，全国共45.4万个益农信息社建成运营，为农民群众提供“一站式”服务，累计为农民和新型农业经营主体提供各类服务6.5亿人次，实现电子商务交易额429.1亿元。基于“中国农技推广”平台，40万名农技推广人员、7000余名专家教授在线开展技术指导，提供农业生产经营各项服务，平均每天服务人次超过1.4万。

五、我国数字农业高质量发展的困境

（一）数据应用技术相对滞后

数字农业的基础资源就是数据，数据的获取和应用是一个耦合的过程，只有应用好数据，才能获得更精确的分析，推动数字农业精准化发展。

近年来,政府和企业在数据的采集和获取上投入大量资金。然而,数据应用技术相对滞后,缺乏必要的数据运营技能,导致数据处理质量不高,精确度有待提高。

(二)数字经济基础薄弱

从当前数字农业的发展情况来看,大部分应用还停留在生产环节,信息化和经济化程度较低。《农业部关于推进农业农村大数据发展的实施意见》中指出:到2025年,实现农业产业链、价值链、供应链的联通。目前,其他产业链的潜力还没有被激发出来,导致数字经济基础较差。

(三)产品化能力弱

近年来,随着数字农业的不断发展,大大小小的农业数据服务企业层出不穷,但其服务能力普遍不足,难以满足农业生产经营主体需求,导致产品市场化面临困难。数字农业时代,数据的质量决定着数据产品服务能力的好坏,产品实用性的提升要依赖于高价值数据的不断积累。

(四)专业技术人才缺乏

随着我国城镇化进程的加快和农村空心化的加剧,在城镇人口不断攀升的同时,农业人口下降,尤其是青壮年劳动力人口的流失,使得乡村人口结构呈现出老龄化特征,农村剩余劳动力普遍文化程度较低,对新生事物和信息技术掌握能力较差,新技术和新方法无法得到很好的引进和应用。专业技术人才的培养能够为数字农业高质量发展提供人力资源支撑。

六、我国农业产业数字化转型的路径

数字农业高质量发展是实现农业现代化的重要举措。我国要加快推进数字农业高质量发展,聚焦数字农业技术的研发、应用与推广,抢占数字农业高质量发展的制高点,实现数字农业的发展目标。

（一）建设数据中心

紧扣农业供给侧结构性改革和农业高质量发展的目标任务，坚持需求、问题和应用“三导结合”，构建一体化的农业数字资源体系，国家层面推动，省级层面协助，建设国家和省级农业农村大数据中心，加快促进现有资源的整合。支持农业企业和农业高校科研院所之间的广泛交流与合作，实现资源和数据的共享，推动数字农业高质量发展。

（二）加快技术创新

加大数字农业领域新技术、新产品、新模式的应用推广力度。在数字农业高质量发展过程中，政府要给予大力支持，加大对数字技术创新的投入力度，加强基础设施和创新平台的建设，为数字农业发展提供支撑。此外，要结合地域特征，加速创新技术的研发，在全国不同区域内建设数字农业创新中心，对传统农业进行改造升级，推动数字农业高质量发展。

（三）壮大数字经济

数字农业高质量发展离不开数字经济的支持，要把传统农业的数字化改造作为农业数字经济发展的主要任务，推动农业数字化的发展，保质保安全，提高农业的附加值。要挖掘农村在推动数字农业高质量发展方面的潜力，不断推陈出新，打造新业态和新发展模式。加快实施“互联网+”农产品出村进城工程，不断创新农村电子商务运营与发展模式，推动数字经济与数字农业互动融合发展。

（四）培育新型农民

农民是农业生产的主体。生产力决定生产关系，要提高生产力，促进农业增产、农民增收。提高生产力的有效途径就是培育新型农民，增强其科技意识以及生产能力。培育新型农民对于数字农业高质量发展至关重要。可以因地制宜，通过搭建数字化教育平台，让农民学习智能化农业耕种与管理技术、电子商务交易知识、现代物流管理知识等，增强农民科技意识，让新型职业农民主体成为我国发展现代农业的生力军。

（五）强化政策引导

政策是支持数字农业高质量发展的基础。要强化数字技术与农业发展的深度融合，把数字技术运用到农业发展中去，推动数字农业高质量发展。数字技术的应用对于政策制度改革有着较强的要求，要强化数字技术相关政策研究工作，出台相关政策，促进和推动数字技术发展。与此同时，政策出台后，要不断探索与数字农业相匹配的、高效的管理方法，进一步提升治理能力。

第二节　工业的数字化转型

一、我国数字工业的发展现状

目前，我国的经济已经步入中高速增长的新常态。国务院于2015年5月发布了《中国制造2025》，指引我国经济转型发展。

工业物联网是数字工业的一个典型应用。我国物联网发展已经具备了一定的技术、产业和应用基础，呈现出良好的发展态势。工业和信息化部数据显示，2014年，我国整个物联网的销售收入达到6000亿元以上。近几年，我国物联网产业发展的复合增长率达到了30%以上，充分体现了其强劲的发展势头。

随着整个物联网生态环境的成熟，工业物联网的应用需求逐渐强烈，例如生产、仓储、物流的高效需求，实时生产数据和设备数据的监控需求，更加准确的生产跟踪需求，智能预测和预警需求，等等。我国工业物联网的发展也由过去的政府主导逐渐向应用需求转变。

工业物联网的生态链主要包括五个部分：感知层、传输层、硬件设备、平台层和云平台。感知层主要是由各种传感器组成的感知单元，用来采集数据。硬件设备主要是由工业机器人、智能机床、3D打印设备等组成的执行单元,即生产工厂里具体生产环节的硬件设备。平台层是由软件系统和硬件系统组成的控制单元,用来发出指令。云平台包括公有云、私有云和混合云,配合云计算和大数据,用来处理分析感知单元采集到的各种数据。云平台和平台层相辅相成,密不可分。传输层负责传输数据。

"中国制造2025"与德国的"工业4.0"并不一样。德国"工业4.0"是在其技术条件、创新研发以及企业自动化水平都非常高的情况下所制定的智能化、网络化的工业生产和服务模式。我国企业目前多处于"工业2.0"与"工业3.0"的边缘,成本控制、生产效率和流程管理等方面水平均较低,提升的空间还很大。我国企业的发展水平与发达国家相比还有很大差距,我国既要解决最基础的设计制造能力问题,又要解决智能化的问题。

目前,我国企业主要面临生产成本上升、研发投入不足和生产组织方式较为传统等问题。就我国的制造企业而言,要通过生产线的改造和IT设备的升级改造使企业自身互联网化。其中第一步就是实现硬件智能化。硬件智能化对制造企业来说极为重要,因为生产和业务流程的智能化,是企业实现互联网化的前提。需要通过生产线改造来实现生产的智能化,通过IT设备升级改造来实现业务流程的智能化。

二、数字化对工业转型发展的作用

由于信息不一致,传统工业不能随时掌握产品库存、物流等情况,不能对生产方向、生产速度进行决策。传统工业缺乏监控感知能力,不能预警生产过程中的安全隐患和可能发生的安全事故,甚至可能对企业生产设备等财产造成损失。由于没有技术可以为传统工业提供多角度、全方位的参考依据,企业不能为客户提供个性化定制服务,传统工业会形成凭空做计划、低头搞生产的状态[李毅中.增强认知 找准差距 加速发展数字工业[J].中国工业和信息化,2022(09):42-46.]。

数字工业的作用体现在生产业务协同化、生产过程智能化、产品服务网络化以及快速响应等几个方面。

(一)生产业务协同化

使用物联网技术,能够把企业的生产业务和物流管理与企业的上下游和社会协作单位连接起来,通过对当前生产业务和物流管理的优化控制,实现企业和企业之间的业务协同化,整体提升工业生产的效益。例如,利用全球协同研制平台,中国商飞公司实现了跨企业的统一构型和统一数据管理以及统一协同工作流程,有效消除了信息不一致导致的问题,缩短了研制周期和制造周期,同时降低了制造成本。

(二)生产过程智能化

使用物联网技术,能够检查生产过程中设备的状态、原材料的消耗以及产品自身的质量情况,通过生产过程的智能监测、控制、优化与决策,真正实现企业生产智能化。例如,中科院沈阳自动化研究所与德国SAP公司共同研制的“工业4.0”联合解决方案,通过引入沈阳自动化研究所自主研发的软件定义生产系统以及面向动态生产过程的可重构工业控制网络等前沿技术,实现了生产系统结构模块化。整个生产系统可以根据当前的设备状态和订单需求进行实时调整和动态优化,大幅提升了生产系统的智能化和灵活性。

(三)产品服务网络化

在产品以及设备上使用智能传感器,通过物联网,可以实现产品与设备的远程监测与维护,不但能够减少产品与设备的维护费用,而且能够提升企业产品制造与使用全生命周期的服务能力,是生产制造型企业朝着制造服务型企业转变的科学途径。例如,海尔集团实现大规模个性化定制,定制全流程可视化,用户通过手机等终端设备不仅可以随时随地获取订单状态,还可以观看从采购、装配到安装的整个过程,从而实现利益相关方的共创共赢。

(四)快速响应

物联网可以方便企业在售出商品后长期为客户提供深度服务,了解客户的感受与需求,增加企业与客户的关系黏性。例如,青岛红领集团建立了大规模个性定制新模式，客户可以利用红领的版型数据库进行自由搭配组合。同时，通过红领的C2M平台，可实现制造体系与用户需求数据的无缝对接。这样，制造环节就能够根据用户的个性化需求，快速调整生产要素和柔性布局。

三、工业产业数字化转型的路径

在“互联网+”背景下，工业产业的数字化转型是必然趋势，它可以提高生产效率、降低成本、增强创新能力，推动工业产业的升级。

（一）建设数字化基础设施

工业产业数字化转型的第一步是建设完善的数字化基础设施，包括高速稳定的网络、数据中心、云计算、物联网等。高速稳定的网络是数字化转型的基础，它能够支持大数据传输和处理，实现设备、产品和人员之间的连接和信息交换。数据中心和云计算能够为工业产业提供强大的计算和存储能力，支持大规模数据处理和分析。物联网则是实现设备和设备、设备和产品之间的互联互通，实现智能化管理和服务的重要技术。

（二）采用数字化生产和管理技术

数字化转型要求工业产业采用先进的数字化生产和管理技术。例如，采用数字化设计和制造技术，可以实现产品的快速设计和定制化生产，提高生产效率和产品质量。采用物联网技术和传感器技术，可以实时监控设备和产品的运行状态，实现智能化预测和维护，降低故障率，缩短生产停机时间。采用大数据分析和人工智能技术，可以从海量数据中挖掘有价值的信息，优化生产工艺和供应链管理，提高企业的竞争力。

（三）推动数字化协同和合作

数字化转型要求工业产业实现内部和外部的协同和合作。内部协同包括企业内部各个部门和岗位之间的协同和信息共享。通过建立数字化平台和工作流程，实现信息的实时共享和协同工作，提高工作效率和协同能力。外部合作包括企业与供应商、客户、合作伙伴之间的合作和信息共享。通过数字化平台，实现供应链的数字化和供应链伙伴之间的协同，提高供应链的效率和反应速度。

（四）加强数字化能力培养和创新能力提升

数字化转型要求工业产业具备一定的数字化能力和创新能力，需要加强人才培养和创新能力提升，培养具备数字化技术和管理知识的专业人才，提高员工的数字化素养和创新意识。加强与高校和研究机构的合作，推动科技创新和技术转化，提升企业的创新能力和竞争力。

综上所述，工业产业的数字化转型的路径包括建设数字化基础设施、采用数字化生产和管理技术、推动数字化协同和合作，以及加强数字化能力培养和创新能力提升。通过这些路径，工业产业可以实现数字化转型，提高生产效率、降低成本、增强创新能力，推动工业产业的升级和转型。

第三节　典型服务业的数字化转型

一、交通产业的数字化转型

（一）我国数字交通的发展现状

随着网络技术的发展，数字交通可以有效地利用现有交通设施，减少交通负荷和环境污染，保证交通安全，提高运输效率，因而日益受到各国的重视。交通发展中存在着诸多问题。例如：基础设施短缺与利用效率低，道路交通设施不能适应经济发展需要；交通设施严重超负荷运作，交通拥堵严重，导致运输效率下降，出行时间大量浪费；加重了城市空气污染，机动车尾气排放已成为城市大气污染的主要来源；等等。数字交通应运而生，主要是从公路交通信息化、城市道路交通管理服务信息化、城市公交信息化三个方面构建具有中国特色的新一代智能交通系统。

在技术层面，在一系列政策措施的积极推动下，我国数字交通的发展取得了明显成效，多项技术获得突破性进展，但仍存在一些问题，如各城市数字交通建设子系统尚无法有效协同整合，集成度较低，技术上处于分隔独立状态。

企业方面，目前国内从事数字交通行业的企业有2000多家，主要集中在道路监控、高速公路收费、地理信息和系统集成等环节，有关政策直接驱动着市场对视频、安防、监控、电子收费等设备以及各种软件开发和系统集成等方面的需求。

当前，物联网等新信息技术在交通领域广泛应用，能够在现有路况下，对人、路、车进行有效监控，实现道路利用效率最大化，能够有效缓解当前交通拥堵、尾气排放、空气污染等问题。目前，数字交通的应用仍存在一定问题，主要集中于产业链仍有待整合、标准化程度不高、关键核心技术仍由国外把控等。

（二）数字化对交通产业转型发展的作用

作为国家重点支持的高科技产业，数字产业进入高速发展时期，其日新月异的技术为城市交通改善提供了许多新的突破点。通过合理的管理控制措施来改善城市交通系统软件，能够更为有效地提升城市交通的服务水平。

数字化在车辆动态管理方面的应用，可以显著提高道路效率。车辆动态管理技术降低了汽车能耗，减少了二氧化碳等尾气的排放，对环境保护做出了较大贡献。基于物联网的数字交通服务平台，为社会公众带来了许多交通便利。

数字化在交通物流中的应用可以从总体上提高物流效率，降低物流成本，提高物流企业竞争力。在运输和配送环节，能够优化运输路线，提高运力利用率，缩短运输时间，监控运输过程，降低安全事故率，从而降低运输和配送成本。

(三)交通产业数字化转型的路径

在"互联网+"的背景下,交通产业数字化转型主要有以下几个方向:

第一,数据驱动。通过收集和分析大数据,为乘客和运营商提供更准确、更快速、更便捷的服务。例如,通过实时监控交通流量和路况,可以优化路线规划,提高运输效率。同时,通过分析用户习惯和行为数据,可以提供更个性化的服务。

第二,智能化。利用人工智能、机器学习等技术,实现交通管理和服务的智能化。例如,自动驾驶汽车、无人驾驶公交,可以提高交通安全,减少人为错误,同时也可以减少交通拥堵。

第三,网络化。通过建立交通信息网络,连接各类交通工具和设施,形成一个整体的交通系统。例如,通过物联网技术,可以实现车与车、车与路的通信,提高路网的使用效率。

第四,平台化。建立交通服务平台,提供统一的服务接口,整合各类资源。例如,打车软件、共享单车平台等,可以提供更方便的出行方式。

第五,绿色化。通过数字化技术,实现交通的节能减排。例如,通过优化路线规划,减少不必要的行驶,节约能源。同时,通过推广电动汽车、氢能汽车等新能源汽车,减少交通对环境的影响。

这五个方向交叉并行、相互促进,共同推动交通产业的数字化转型。

二、金融产业的数字化转型

(一)我国数字金融的发展现状

金融的基本流程是对现有资源进行重新整合后,促进经济利润与贸易价值的等效流通。金融的本质是价值流通,凭借货币标准单位有效配置社会资源。互联网技术的诞生推动了信息化金融的发展,为金融行业带来了深刻的变革。信息化金融是综合发展与全面运用金融领域中的现代信息技术、数字化与虚拟化的货币,使物品流通摆脱对具体媒介实物的过度依赖,转而借助数字与网络来实现其价值。物联网金融促进了金融行业的无缝隙控制、流通与运作。

金融行业的数字化、网络化和信息化通过物联网金融来实现。在互联网技术的支撑下，物理世界中的实物和金融行业的价值共同推动了信息化网络的发展，为金融网络融合实物创造了条件。物联网金融是物联网与金融的完美融合。物联网金融能够联合金融、服务和商业网络，真正实现金融服务的智能化与自动化，将服务渗透到物理世界中，创造出许多商业模式，促进金融业变革。我国很重视物联网金融技术的研究与应用，致力于借助重新界定物联网金融的内涵、参与标准规划与框架设计，进而更好地掌握物联网金融时代的全球国际话语权，抢占新时期信息技术行业领域的制高点。物联网金融作为我国新兴战略产业，受到了全国各界的普遍重视，各地政府依照各地区的发展状况，制定物联网金融实施策略、制度和规则，充分利用物联网金融技术建设现代化城市，纷纷建立物联网金融多元化的示范项目。

（二）数字化对金融产业转型发展的作用

1.传统金融行业存在的问题

传统金融业存在交易成本高、信息不对称以及监管不力状态下的高风险等问题。

第一，交易成本高。在交易过程中，无论是谈判、搜寻，还是订立契约、合同执行，都需要花费大量的成本，金融业中更是如此。正是因为在交易过程中需要投入大量的时间与金钱，所以需要专业化的金融服务。

第二，信息不对称。由于信息不对称，金融业可能产生道德风险，出现逆向选择，极端情形下甚至会产生“格雷欣法则”所描述的劣币驱逐良币的现象，最终导致市场的恶性循环与萎缩。

第三，监管不力状态下的风险高。传统金融业的发展，是一种对于风险对冲的发展。在传统金融业的资本资产定价模型当中，金融资产的成本等于无风险利率加上风险溢价。可以说，风险在传统金融的发展过程中无处不在。

2.数字金融的作用

第一,有效降低交易成本。交易成本一直是金融业发展的关键性瓶颈,物联网的发展可以有效地缓解此类问题。物联网将人与物、人与网、人与人之间连接起来,采用计算机的分布式运算系统,通过云计算的方式化解了运算成本,让客户的需求与金融机构的资源进行有效匹配,通过共享与评价,实现服务的标准化,并通过分布式协同,有效地降低了金融交易成本。随着金融体系去中心化的不断完善,每个人都有可能享受到金融服务。这种服务拓展模式的边际成本接近零,就如现在的开源平台一样,每个人都可以免费地使用其服务。具备低成本、高弹性、高适用性、安全合规等优点的某云金融通过和不同互联网产品的对接合作和大数据建模,可以精准有效地接入并调取应用流量,并对流量进行统计分析,最终形成大数据解决方案,以便更好地实现金融产品的销售和流量变现,使金融数据压力变为数据优势,以海量金融数据分析改变金融运营模式。

第二,缓解信息不对称问题。在物联网的链接下,世界上的主要物质有可能形成一种物质信息系统,信息的需求者可以随时随地了解所需物品的位置、种类、形状、品质等关键信息。这些信息还可以通过网络有效地进行共享,从而解决了"信息孤岛"的难题。这对于传统金融业的抵押贷款、金融授信有着革命性的影响。通过大数据长时段的收集,还可以有效地解决保险过程中的信息阻碍,让骗保无处遁形。随着物联网金融的快速发展,甚至可能达到经典经济学中所论述的"完全信息"状态,实现对传统金融的革命性颠覆。东方财富人数据产品通过分析访客习惯、业务特征、交易特征等访客个人特征设计金融产品,以提升数据的价值。

(三)金融产业数字化转型的路径

随着互联网技术的发展和普及,各行各业都面临着数字化转型的挑战和机遇,金融产业作为国民经济的重要支柱产业,也不例外。在"互联网+"背景下,金融产业的数字化转型已经成为发展的必然趋势,对于提升金融服务效率、创新金融产品、优化风险管理等都具有重要意义。在"互联网+”背景下，金融产业的数字化转型包括以下几个方面：

1. 建设数字化基础设施

建设稳定、高效的基础设施是金融产业数字化转型的基础。金融机构需要投入大量的资金和技术力量，提升网络带宽和传输速度，保证金融业务的实时性和稳定性。此外，金融机构还需要加强数据存储与处理能力，通过对海量数据的采集、存储和分析，挖掘出有价值的信息，为业务决策和风险管理提供支撑。

第一，加大对网络基础设施建设的投入。金融机构需要加大对网络基础设施的投资，提升网络带宽和传输速度，确保金融业务的实时性和稳定性。可以考虑与电信运营商合作，利用其网络资源，提供高速、稳定的网络连接。

第二，建设云计算平台。云计算平台可以实现资源共享和弹性伸缩，提高数据存储和计算能力。金融机构可以建设自有的云计算平台，也可以利用第三方云服务提供商的服务。

第三，加强数据存储与处理能力。金融机构需要建立强大的数据存储和处理能力，以应对海量数据的挖掘和分析需求。可以考虑采用分布式存储和计算技术，利用云计算平台提供的资源进行数据存储和处理。

2. 推动数据共享与整合

数据是数字化转型的核心资产，金融机构应加强内外部数据的共享与整合，充分利用数据价值，提升风险管理、营销推广、产品创新等方面的能力。在内部，金融机构应加强各个部门和业务系统之间的数据共享，消除数据孤岛和信息壁垒，可以建立统一的数据标准和交换机制，实现数据的互通互联。在外部，金融机构可以与其他金融机构、合作伙伴、第三方数据服务提供商等建立数据共享合作关系，整合各方数据资源，提升数据的覆盖范围和深度。同时，金融机构需要建立合理的数据使用和保护机制，确保数据安全和隐私保护。

3. 建立数字化渠道和服务平台

在数字化转型中，金融机构需要建立多样化的数字化渠道和服务平台，以提供便捷的金融服务，包括移动应用、网上银行、第三方支付等多种数字化渠道，使客户能够随时随地进行金融交易和查询。另外，金融机构还需要建立数字化服务平台，整合各类金融产品和服务，满足客户个性化的需求。通过数字化渠道和服务平台，金融机构能够更好地与客户进行互动和沟通，提供个性化的金融服务。

第一，建设移动应用和网上银行。移动应用和网上银行是数字化转型的重要渠道，可以让客户随时随地进行金融交易和查询。金融机构需要投入资源，开发易用、安全、功能丰富的移动应用和网上银行，提供便捷的金融服务。

第二，拓展第三方支付渠道。第三方支付已经成为金融行业的重要组成部分，为客户提供了便捷的支付方式。金融机构可以与第三方支付公司合作，提供多样化的支付渠道，如扫码支付、手机支付等，以满足不同客户的需求。

第三，建立数字化服务平台。数字化服务平台是整合各类金融产品和服务的重要载体，可以提供一站式的金融服务。金融机构可以通过整合自身产品和服务，以及与其他金融机构、科技公司合作，建立数字化服务平台，为客户提供个性化的金融解决方案。

第四，加强客户关系管理。数字化转型的关键是建立良好的客户关系，通过数据分析和个性化服务，提升客户的满意度和忠诚度。金融机构可以通过建立客户关系管理系统，实时跟踪客户的需求和行为，提供个性化的服务和推荐，增强客户黏性。

第五，借助人工智能技术提升服务水平。人工智能技术在金融业的应用越来越广泛，可以提升金融机构的服务水平。金融机构可以借助人工智能技术，开发智能客服系统，提供24小时在线的智能客服，解答客户问题和提供金融咨询。

4.推动金融科技创新

金融科技创新是数字化转型的重要驱动力之一，金融机构需要积极探索金融科技创新，引入人工智能、区块链、云计算等前沿技术，提升金融业务的效率和智能化水平。

第一，应用人工智能技术。人工智能在金融领域的应用非常广泛，可以应用于客户服务、风险管理、反欺诈等领域，提供更精准和个性化的金融服务。例如，利用自然语言处理技术，金融机构可以开发智能客服系统，实现语音识别和语义理解，提供24小时在线的智能客服。

第二，探索区块链技术的应用。区块链技术可以改变传统金融交易的模式，提高交易的安全性和效率。金融机构可以探索利用区块链技术进行跨境支付、资产证券化、供应链金融等业务创新，实现更快速、更安全的金融交易。此外，金融机构还可以与其他金融机构、科技公司等建立联盟链，共同开发区块链应用，实现数据共享和业务协同。

第三，加强金融数据分析能力。金融机构需要加强数据分析能力，通过对海量数据的挖掘和分析，提供更准确的风险评估和预测。可以借助大数据技术和机器学习算法，建立风险预警系统，及时发现和应对潜在风险。同时，金融机构还可以利用数据分析技术，提供个性化的产品和服务，满足客户的需求。

第四，加强金融安全技术。随着数字化转型的推进，金融机构面临更多的网络安全威胁和风险。金融机构需要加强对网络安全的防护和监控，建立完善的安全体系和应急响应机制。可以借助密码学技术、身份认证技术、安全审计技术等，提升金融系统的抗攻击和防篡改能力。

5.加强政策引导和支持

政府部门和行业协会在数字化转型中扮演着重要的角色，需要加强政策引导和支持，为数字化转型提供良好的环境和条件。

第一，制定相关政策和法规。政府部门可以制定相关政策和法规，推动数字化转型的发展。例如，可以出台支持金融科技创新的政策，提供税收优惠和资金扶持。同时,还可以加强对金融数据安全和隐私保护的监管,建立健全数据安全标准和监管机制。

第二,加强技术研发和创新支持。政府部门可以加大对金融科技研发和创新的支持力度,鼓励金融机构和科技企业开展合作研发,推动前沿技术的应用。可以设立专项资金,支持金融科技创新项目。

第三,推动行业合作和标准制定。行业协会可以推动金融机构之间的合作与交流,共同制定数字化转型的标准和规范。可以组织行业内的研讨会和培训活动,分享经验和最佳实践,促进行业的共同发展。

三、医疗行业的数字化转型

(一)医疗行业数字化转型的现状

1.医疗机构间的数字化转型差距大

根据医院规模、科研方向、人才技术力量、医疗硬件设备等对医院资质进行评定,我国的医疗机构共划分为三级十等。目前,我国三级医院以及大多数二级医院已经初步建成了医疗信息系统,基础的计算机硬件和网络设备基本搭建完成,二级及以下医院还处于医疗信息系统的普及及建设期。中国不同级别的医疗机构之间的信息化程度差距比较大,数字技术的应用水平也有较大差距。随着电子病历分级评级标准的出台,在政策的推动下,各级医疗机构都将逐步完善信息化建设,医院间数字化转型的差距将不断缩小。

2.政府主导的区域健康医疗中心建设缓慢

在国家卫生健康委牵头下,国有资本主导的三大健康医疗大数据集团正式成立,并制定了“1+7+X”的健康医疗大数据规划,后修订为“1+5+X”,即1个国家数据中心(北京)、5个区域数据中心(福建、江苏、山东、安徽和贵州为五大区域数据中心试点省份)、X个应用发展中心。从目前公开的资料来看,仅有山东省济南市以95.7%的达标率率先通过国家卫生健康委的专家团考核评估,成为全国首家通过评估的试点。受各种因素影响,区域数据中心的建设较为缓慢,目前来看仍无法很好地支撑健康医疗大数据的应用。

3. 医疗数据安全与隐私保护意识逐步提高

医疗行业数字化转型的核心是对医疗数据价值的再创造，这给传统的医疗行业带来了较大的冲击，医疗数据安全与隐私保护成了其中的核心议题。医疗行业作为传统行业，其用户数据隐私涉及伦理和法律法规的双重保护，无论是患者还是医护人员，由于对新技术不了解，都会产生不信任感，这为医疗行业的数字化转型带来了一定的阻碍。目前我国在法律层面对数据的隐私保护相对滞后，仅有零星规定，尚未出台统一的隐私保护法律法规，造成数据的归属权和使用权并不明确、数据共享缺乏管理、数据应用缺少准入和退出机制等问题，患者的个人权益容易受到侵害。为了更好地保护患者的数据与隐私的安全，加快推进医疗行业数字化转型，数据合规性将成为行业关注的重点。

4. 医疗信息化蓬勃发展，互联网医疗商业模式不清晰

中国每年在医疗 IT 方面投入巨大。据赛迪顾问网的统计，2018 年中国医疗 IT 应用市场规模达 607.2 亿元，同比增长 13.5%。随着电子病历评级评价标准的正式实施，万亿的医疗信息化市场正待开启。与医疗信息化市场火热对应的是互联网医疗的遇冷。虽然近年来互联网医疗的话题热度持续高涨，但无论是健康医疗大数据还是医疗人工智能，市场上都没有出现较好的商业模式，受限于医疗数据的获取难度大、精确度低等原因，互联网医疗商业化之路仍需要继续探索。

（二）我国医疗行业数字化转型的主要路径

1. 数据化

数据是指对客观事件进行记录并可以鉴别的符号，是对客观事物的性质、状态以及相互关系等进行记载的物理符号或这些物理符号的组合，它是可识别的、抽象的符号。对于医疗领域来说，数据化则是对诊前、诊中、诊后全流程的行为进行电子化记录。

数据化是医疗行业数字化转型的基础，需要梳理医疗行业所有的流程涉及的环节和发生的行为活动，综合考量各类产品、服务、科研需求，确认

医疗行业各类型数据的定义、采集范围和采集标准。我国在医疗数据的标准化方面已经开始一定的探索和研究，出台了《国家健康医疗大数据标准、安全和服务管理办法（试行）》，后续还会出台相应的细化的标准。

我国医疗信息化开展得较早，很多医院已经进行了基础信息化建设，但市场上的医疗信息系统软件同质化严重，仅记录关键医疗环节的数据，而医疗全流程的很多行为数据被忽略了。导致我国虽然医疗数据量庞大，但是数据类型单一。以动态血压计为例，我国医疗机构无法提供临床上的中心动脉血压数据，导致我国动态血压计研发滞后，市场被欧美日品牌占据。

2.信息化

信息与数据既有联系，又有区别。数据是信息的表现形式和载体，而信息是数据的内涵。信息加载于数据之上，是对数据进行加工处理之后所得到的对决策产生影响的数据。

信息化是医疗行业数字化转型的流程，它规范了医疗数据采集、存储、分析的具体方法。目前，医疗信息化是医疗行业数字化转型的重点领域，如政府行业监管部门的政务信息化、医院信息化、区域医疗信息化等都是现阶段投入的重点。除了各类系统软件的投入外，还有对有效健康医疗数据的提取、整合、分析和展示，以实现数据互通互联和可视化为核心诉求的硬件投入，如搭建各种医疗数据中心、医疗工作站、数据共享平台等所需要的硬件设备。

对于医疗机构来说，医疗信息化的核心目标是按照电子病历评级标准进行信息化建设。从市场产品、服务模式和成本效益来看，医疗云将是医疗信息化的重要方向。越来越多的中小医疗机构和私立医疗机构由于成本和效益问题，考虑购买公有云服务；大型医疗机构则会因为数据量大、数据安全等问题，更多地采取自建私有云或搭建混合云的方案。

3.数字化

数字化是医疗行业数字化转型的重要手段，它明确了利用大数据、人工智能等新一代信息技术对医疗数据进行分析和应用的方法、思路和模式。对于医疗行业,数字化的目标是将人工智能、大数据、虚拟现实/增强现实、边缘计算等新一代信息技术应用在各种医疗场景中,在数字技术赋能下提高医疗服务效率,降低医疗服务成本。2019年6月,工信部发布5G商用牌照,中国5G的商用进程正式启动,这为医疗行业的数字化推进带来了重大利好消息。未来,医疗行业将从5G的100%覆盖率中受益,发现和应用更多"数字技术+医疗"场景。医疗行业的数字化具体体现在以下几个方面:

第一,基于医疗设备数据无线采集的医疗监测与护理类应用,如无线监护等。在远程监护领域,基于物联网技术打造的各类健康监测终端(如智能可穿戴设备、健康监测家用设备等)将通过5G网络实现数据的实时更新。医护人员可以通过大数据和人工智能技术对数据进行及时监测,一旦发现异常则及时预警,实现对康复期间的病人的远程医疗监测和护理。同时,数字技术的应用极大地缓解了医疗资源紧张的问题,间接降低了医疗成本。

第二,基于视频与图像交互的医疗诊断与指导类应用,如医疗影像识别等。医疗影像识别技术是近年来的市场热点,也是医疗人工智能技术应用的重点领域。近年来,在国际和国内的很多人工智能比赛中,医疗影像识别成为热门考题,学校和商业研究团队在不同病种上取得了一定的成绩。例如,2019年的数创中国大赛中,福大(福州大学)-零氪科技凭借《肝胆脏器病灶识别》案例,在大数据方向的"大数据医疗肝癌影像AI诊断"赛题中夺冠。目前,我国医疗影像数据增长非常快,相应的放射科医生、病理科医生等从业人员数量的增长无法满足诊疗需求,通过人工智能技术辅助影像科医生进行诊断将有效满足市场需求。

第三,基于视频与力反馈的远程操控类应用,如医疗机器人研发与应用等。智能机器人在医疗领域的应用非常广泛。在导诊领域,合肥市第一人民医院门诊大厅的"晓曼"医护机器人有效缓解了导诊护士的工作压力；在手术领域，“天玑”骨科手术机器人是全球首台创伤及脊柱骨科手术机器人，达到世界先进水平。由于医疗行业具有服务范围广、场景多、要求精准度高、诊疗过程复杂等特点，远程操控类应用目前仅在个别领域有相关研发，未来若想在更多领域取得创造性的成绩，需要构建更灵活的产学研一体化技术创新体系。

4.智能化

智能化是数字化转型的效果，是对医疗行业数字化转型的一种愿景。医疗行业智能化不能局限于多种数字技术的融合应用，更应该辅以基因组学和生命科学等前沿领域，以医疗数据为核心，打通医疗全链环节，并以“全息数字人”为愿景，实现以人为本的智能化医疗。“全息数字人”的概念是由原国家卫计委副主任、中国卫生信息与健康医疗大数据学会会长金小桃先生提出的，是指以人民为中心，以健康医疗大数据为基础，以物理、全息技术与人工智能等新兴技术为手段，以重大科技原始创新为动力，以所有采集到的个人信息可视化、智能化、自主化、个性化为目的，形成并发展为“人人需要，需要人人”的个人和集群专属数据。

参考文献

[1]成海清.科技企业创新管理十要点[J].企业管理,2021(11):14-19.

[2]单佳美.产业数字化转型下企业管理创新路径探究[J].中国商论,2023(13):44-47.

[3]丁晓钦,柴巧燕.数字资本主义的兴起及其引发的社会变革——兼论社会主义中国如何发展数字经济[J].毛泽东邓小平理论研究,2020(06):40-45+108.

[4]吕红波,张周志.数字经济:中国新机遇与战略选择[M].北京:东方出版社,2022.

[5]李丹阳.国内外数字经济发展现状及国家发展战略[J].商场现代化,2023(16):127-129.

[6]李柳.数字经济理论与实践创新研究[M].北京:中国商业出版社,2022.

[7]李松泽,叶坤明.数字化转型背景下企业管理创新与转型策略研究[J].企业改革与管理,2023(07):26-27.

[8]李毅中.增强认知找准差距加速发展数字工业[J].中国工业和信息化,2022(09):42-46.